Nueva Cultura Económica

EL MARKETING DESDE LA CUMBRE

HELMUT MAUCHER

EL MARKETING DESDE LA CUMBRE

*Sobre el arte de dirigir una empresa
de envergadura mundial*

Prólogo, edición y adaptación de
ROSA MARÍA BARREIRO CALZADA
con la colaboración de
ENRIQUE VILLAMAR

Presentación de
CLAUDIO X. GONZÁLEZ

NACIONAL FINANCIERA
FONDO DE CULTURA ECONÓMICA
MÉXICO

Primera edición, 1995

Título original:
Marketing ist Chefsache
Copyright © 1992 por ECON Executive Verlags GmbH, Düsseldorf, Viena,
Nueva York y Moscú. Reservados todos los derechos.

D. R. © 1995, NACIONAL FINANCIERA, S. N. C.
Av. Insurgentes Sur, 1971; 01020 México D. F.

D. R. © 1995, FONDO DE CULTURA ECONÓMICA
Carretera Picacho-Ajusco, 227; 14200 México, D. F.

ISBN 968-16-4716-5 (rústica)
ISBN 968-16-4549-9 (empastado)

Impreso en México

Prólogo

Este libro nace luego de casi 30 años de haberme desempeñado en cargos directivos, 12 de los cuales, los últimos, he estado a la cabeza de Nestlé. Reúne la experiencia, los conocimientos, las convicciones y los principios que adquirí a lo largo de esos años y que me han servido de guía. El lector verá que nada tomé de los manuales de administración; nada encontrará sobre las teorías de administración o los fenómenos en boga que nos ocuparon y hasta nos sometieron a dura prueba en las décadas recientes; no descubrirá aquí nuevas ideas sobre el "estilo de administración cooperativa" ni sobre las teorías del *management by...;* en vano buscará respuestas a cuestiones técnicas o metodológicas, tales como la aplicación del concepto del costo directo, el mejor aprovechamiento de la informática aplicada a la administración o al manejo de la empresa, la presentación de un formato de evaluación del personal o la enumeración completa de los elementos del *marketing mix*. Es éste un libro de carácter muy personal, y seguramente el lector no estará de acuerdo con todo lo que en él expongo. Brota de la pluma de un hombre pragmático, que no sólo se dedicó al *management by objectives,* sino también —con franco placer, por cierto— al *management by provocation* o al *management by interview.* Un hombre que, al cabo de tantos años de práctica, llegó a la conclusión de que los aspectos primordiales que deben considerarse para tener éxito no se encuentran, por desgracia, en la literatura especializada ni se enseñan en las universidades. De ninguna manera pretendo dejar en entredicho la utilidad de los manuales de enseñanza; por el contrario, reconozco gustoso que mucho aprendí y que obtuve aportaciones importantes cuando hice mis estudios universitarios y, años más tarde, al leer obras complementarias o al asistir a seminarios.

En alemán *management,* administración, se dice *Führungskunst,* o sea, el "arte de la administración" (y éste es uno de los poquísimos casos en que el término alemán describe mejor que el inglés el concepto de que se trata). Me agradaría que muchos ejecutivos que comienzan o que ya se hallan en el pleno ejercicio de su profesión encontraran en este libro un estímulo, una invitación a buscar el éxito profesional y personal. En una economía liberal y en una sociedad abierta —donde lo que cuenta es la ganancia— no existe razón alguna para resignarse o "tirar la toalla". Hace años dije que en la economía de mercado se reparte el mundo a diario.

Si en las páginas que siguen el lector se sirve de indicaciones, orientaciones y sugerencias para dirigir una empresa de manera responsable y competitiva, esta pequeña obra habrá cumplido su propósito.

HELMUT MAUCHER

Vevey, otoño de 1992

Prólogo a la edición en español

Entre la gran cantidad de libros dedicados a la administración y al *marketing*, pocos han sido escritos a partir de una perspectiva tan privilegiada como la del autor de este volumen. Director desde hace más de una década de una de las más importantes empresas multinacionales, Helmut Maucher cuenta con una experiencia que únicamente un número muy limitado de individuos puede alcanzar; pero, sobre todo, posee una excepcional agudeza que le ha permitido comprender a fondo y aprovechar las agitadas circunstancias —muchas veces traumáticas— a que ha estado sujeta la actividad empresarial durante los últimos decenios. Así, por el solo hecho de ser su autor quien es vale la pena leer esta obra.

El marketing desde la cumbre es uno de esos raros ejemplos de teoría gestada en el corazón mismo de la praxis, uno de esos documentos valiosos que orientan, a la vez que ponen a prueba, la propia capacidad de análisis y de imaginación. Apenas se puede pensar en algo que resulte de tanta utilidad para quienes dedican sus empeños al desarrollo de empresas. Por su parte, la academia encontrará aquí un libro de secretos ameno y ágil, informativo y formativo, particularmente orientador para la toma de decisiones. Aspectos como la responsabilidad social del empresario, la función de los sindicatos, la política de apoyo a campañas de orientación social y ecológica, así como la responsabilidad del director ante los accionistas, son abordados con inteligencia inusitada. Los profesores y los estudiantes de posgrado en administración sin duda harán de este volumen una obra de consulta frecuente y enriquecerán su experiencia con las estratégicas reflexiones que el señor Maucher expone con saber y con sabor.

La visión de Maucher sobre aspectos fundamentales de la vida económica contemporánea —caracterizada por la globalización, las transformaciones de los hábitos de consumo, la difusión de las redes de datos y las nuevas corrientes del *marketing* y la publicidad— resulta una excelente plataforma para enfrentar los retos que nos impondrá el nuevo milenio.

Más que una época de cambios, vivimos un cambio de época que exige de todos nosotros una actitud renovadora e innovadora. Sin una visión prospectiva no se puede aspirar a ser un verdadero empresario, alguien sobre quien recaiga la alta responsabilidad de conjuntar y administrar recursos y talentos para hacer realidad los sueños.

Con objeto de que sea útil a los propósitos de la enseñanza, esta edición en español se presenta con un formato sencillo que destaca las ideas principales y permite una fácil comprensión del texto. Además, el libro cuenta con un apéndice: "El caso Nestlé", en el cual se aborda tanto la estrategia global de Nestlé como su visión hacia el futuro. Así, en la medida en que equilibra la reflexión emanada de la praxis y muestra en detalle el caso concreto de una importante multinacional, *El marketing desde la cumbre* constituye un ejemplo de libro de texto de alto nivel.

El Fondo de Cultura Económica se enorgullece de dar a conocer esta obra en lengua española y de participar en la tradición mexicana hecha de grandes aportaciones a la difusión de ideas de primer orden.

Rosa María Barreiro Calzada
y Enrique Villamar

1994

Presentación

Decía un viejo y exitoso practicante de la administración que uno podría quemar todos los libros de administración de empresas y no pasaría nada, que el mundo seguiría exactamente igual. Ésta puede ser una afirmación excesiva, pero de lo que no hay duda es que no es lo mismo la teoría que el ejercicio de la administración. La primera se refiere a las ideas y a las técnicas; el segundo, al arte de sobrevivir y tener éxito en los mercados donde, como dice Helmut Maucher, a diario se lucha por alcanzar una posición en el mundo. Las teorías son indispensables para administrar, pero nada iguala a la experiencia de quien lo ha hecho y sabe expresarlo con toda claridad. En *El marketing desde la cumbre* encontramos la expresión acabada, elegante y profunda de un practicante de la administración que encabeza uno de los consorcios industriales mejor consolidados. La visión "desde la cumbre" de Maucher contrasta con la que comúnmente caracteriza a los libros y materiales sobre temas administrativos; es una visión del conjunto distinta, si bien complementaria, de la visión de los estudiosos del tema. Destaca el hecho de que, no obstante la importancia de todos y cada uno de los temas abordados, el señor Maucher ha sabido vincular unos con otros y señalar el lugar específico que corresponde a cada aspecto de la administración: qué depende de qué, quién tiene la responsabilidad de hacer qué y cómo se integran las técnicas y las ideas con las decisiones empresariales.

El hilo conductor del libro sigue principios tales como el desarrollo del *know how,* la importancia de la calidad, de la creatividad, de la rapidez en hacer las cosas y, sobre todo, de la confianza del consumidor, del aspecto humano de la empresa, así como del largo plazo en el diseño de estrategias, de la visión puesta en el futuro, más allá de los balances, de los estados de pérdidas y ganancias de un semestre o de un año.

El vertiginoso cambio al que parece haber sido arrojado el mundo de hoy obliga a las empresas a una dinámica de constante evaluación de los riesgos y oportunidades. La globalización económica y financiera, la revolución en las comunicaciones y la consecuente transformación de los hábitos de consumo, así como el surgimiento de nuevas corrientes de *marketing* y publicidad, plantean a los empresarios retos que han de ser asumidos con creatividad. En un mundo regido por el cambio, más que nunca se impone una actitud de apertura que, sin embargo, no deje de lado los principios y objetivos fundamentales del quehacer empresarial.

Tengo el gusto de conocer personalmente a Helmut Maucher. Desde que me encontré con él por primera vez, me impresionó por ser un hombre con visión, a la vez práctico y con sólidos valores. Por ello, y por significar su libro una importante contribución al arte de la administración, es que me felicito por tener la oportunidad de escribir estos comentarios.

CLAUDIO X. GONZÁLEZ LAPORTE,
Presidente del Consejo y presidente ejecutivo de Kimberly Clark de México; Consejero especial del Presidente de México para inversiones extranjeras

PRIMERA PARTE

I. Diez máximas para lograr el éxito

Lo que presento a continuación no son mandamientos ni principios fundamentales, más bien se trata de sugerencias. Alguna vez Konrad Adenauer dijo que "los diez mandamientos son tan claros y tajantes que no fue necesario realizar una conferencia para determinarlos".

1. Hacer lo normal y cabal.

Fabricar productos que se vendan; ocuparse de la administración, del personal y de la clientela, y verificar que salgan bien las cuentas. En pocas palabras, *do the obvious, back to basics.*

2. Cambiar los criterios de selección del personal directivo.

Además de aptitudes profesionales, debe exigirse creatividad, empeño, audacia, temple y mayor disposición para encargarse de las tareas que para hacer carrera o adquirir poder.

3. Reconocer la importancia de los mandos inferiores.

Los mandos inferiores representan la empresa, de ahí que lo importante sea orientar la atención hacia las personas y los productos, no hacia los sistemas.

4. Reflexionar en función del largo plazo y tomar decisiones con rapidez.

Actuar con una visión a largo plazo es mejor que aprovechar las ventajas a corto plazo. Por otro lado, anteponer el sentido de la oportunidad, es decir, la rapidez en lugar de la perfección en la toma de decisiones, exige que se cumplan tres etapas, a saber:

a) Reconocer cuanto antes lo que es necesario;

b) acelerar el proceso de la toma de decisiones, y

c) aplicar de inmediato la decisión tomada.

5. Evaluar con objetividad.

Es importante:

a) Evaluar con objetividad las posibilidades de racionalización de los recursos y su consecuente aplicación;

b) acelerar el ajuste estructural del crecimiento y del empleo;

c) prescindir de subvenciones al mantenimiento;
d) adaptar la mano de obra a las nuevas circunstancias, y
e) considerar la reducción de los costos en función de las ventajas a largo plazo y siempre que se disponga de medios para inversiones futuras.

6. Innovar sin olvidar renovar.
Es importante no sólo la innovación de los productos, sino también la renovación de la administración, la dirección y la organización.

7. Ver en la comunicación un medio para lograr un objetivo es cada vez más importante.
Por supuesto, los hechos y las acciones seguirán teniendo más peso que las palabras.

8. Propiciar un buen clima social, jamás un idilio pacífico.

9. Asumir un nuevo estilo de dirección.
El trato con los colaboradores deberá darse en función del *management commitment* y del *employee involvement*.

10. Gozar de credibilidad.
Lo más importante sigue siendo la credibilidad, la cual sólo lograremos si existe una auténtica concordancia entre lo que decimos y lo que hacemos.

II. El "marketing" es asunto del jefe

Las razones por las que el "marketing" es asunto del jefe

EL "MARKETING" incumbe al jefe. Ésta es una realidad importante que nuestros colaboradores no siempre logran comprender. Los jóvenes expertos quieren hacer su propio *marketing:* determinar estrategias, productos, publicidad e inversiones. Por eso a veces resulta doloroso para las nuevas generaciones aceptar que algunos aspectos del *marketing* son simple y sencillamente "asuntos del jefe".

No se debe confundir el *marketing* con las técnicas del *marketing*. Las técnicas son medios auxiliares útiles, pero nada más. Los estudios y análisis de mercado, los cálculos, las listas de verificación y las técnicas de venta no deben confundirse con el desarrollo, la producción y la venta de bienes y servicios, es decir, con los aspectos fundamentales del *marketing*. El propósito comercial del *marketing* debe estar siempre por encima de las técnicas.

El *marketing* contribuirá al éxito de la empresa en la medida en que el jefe se ocupe de él personalmente; he aquí las razones:

1. El *marketing* es asunto del jefe no porque aquél importe por sí mismo, sino porque importa aquello que nos proponemos obtener con el *marketing:* utilidades.

Nuestro objetivo como empresarios es generar productos que presten un servicio al consumidor, que le agraden, le resulten atractivos y le interesen. Queremos buena publicidad para esos productos y venderlos al consumidor a un precio competitivo que, por lo demás, arroje utilidades para nosotros.

2. El *marketing* es asunto del jefe porque está vinculado a la política general de la empresa.

El *marketing* no puede ser un elemento aislado de la política general de la empresa, ya que invertimos en el mercado, en productos, en personal y en fábricas, y es sobre la base del *marketing* que adquirimos capacidad, o la ampliamos, y corremos el riesgo correspondiente. Por ello es importante tomar en cuenta la rentabilidad a largo plazo.

3. El *marketing* es asunto del jefe porque puede estar vinculado a la política de adquisiciones.

Hay ocasiones en que una empresa debe hacer adquisiciones estratégicas desde el punto de vista del *marketing*. No siempre llevamos a cabo adquisiciones en nuestra calidad de gerentes de cartera —con el deseo de colocar fondos—, sino que también lo hacemos a partir de supuestos propios del *marketing*. Es conveniente determinar, por ejemplo, qué posiciones apropiadas para la ampliación de la empresa pueden aprovecharse mejor a través de una adquisición que por medio de políticas internas de *marketing*. Y es al jefe, en definitiva, a quien corresponde decidir sobre las medidas de expansión, tanto internas como geográficas.

4. El *marketing* es asunto del jefe porque le toca a éste asumir la responsabilidad por los riesgos y las inversiones.

Ningún administrador responsable debe ceder en aspectos fundamentales de la empresa, tales como los riesgos y las inversiones. Existen otros aspectos en relación con los cuales podemos delegar nuestra autoridad, pero el producto que colocamos en el mercado, la calidad del mismo, la imagen, la comunicación, la publicidad y el contacto con los principales clientes son responsabilidades que, en principio, son difíciles de delegar.

Delegar atribuciones propicia la flexibilidad y la descentralización; sin embargo, existen sectores que el propio empresario debe determinar. Conviene que pongamos a prueba los productos y sus envases, que examinemos la información y la publicidad de que son objeto, y que procuremos el trato directo con nuestros colaboradores y con nuestros principales clientes. Es cierto que podemos revisar en casa los informes y las cifras, y que para ello no hace falta viajar a Brasil; pero si nuestra empresa tiene intereses en Brasil, más vale que emprendamos el viaje.

5. El *marketing* es asimismo asunto del jefe por la importancia que tiene la continuidad dentro de la empresa.

En todas las empresas hay cambios; en todas se aplican los principios de rotación en los puestos y otras medidas análogas, pero en general la cúpula, el cuerpo de ejecutivos que dirige la empresa, representa la continuidad. Ellos son quienes tienen más experiencia y por eso saben que, tratándose de artículos de marca, de su presentación al consumidor, la continuidad y la confianza desempeñan un papel preponderante.

Consejos para un buen "marketing"

En el mundo de los negocios la competencia es cada vez más despiadada. La intensa lucha por la supervivencia nos obliga a considerar que el *marketing* es algo más que una técnica:

es algo de lo que el director puede echar mano para consolidar el éxito de la empresa. A continuación presento algunos consejos para lograr un buen *marketing:*

1. Decidir en función de las ventajas a largo plazo.

Muchos de nuestros colaboradores pretenden logros en poco tiempo y optan por reflexionar y obrar en función de las ventajas a corto plazo; se dejan guiar por las modas del *marketing,* por lo que se "estila", y así confunden tales tendencias limitadas en el tiempo con el verdadero éxito. Nuestros vendedores y expertos constantemente solicitan gastar más dinero de momento para promover un producto, sin preocuparse por diseñar un plan de ventas a largo plazo. Nada más erróneo que esta reflexión corta de miras.

2. Defender la calidad del producto.

Al comparar calidad y costo, con frecuencia nos preocupa más este último. Sacrificar la calidad con objeto de abatir los gastos es una técnica "de rebanado" que a la larga pone en peligro el éxito.

3. Vender a un precio adecuado, aunque tengamos que comprometer la rentabilidad en el corto plazo.

Es un error común querer mantener el importe mensual de ventas cediendo ante determinadas circunstancias, sin considerar la situación a largo plazo. Éste es el origen de las ofertas y otras soluciones precipitadas. La venta debe efectuarse a un precio adecuado, aunque tengamos que comprometer la rentabilidad en el corto plazo.

Lo mismo vale para los envases. Los que pasan rápidamente de moda constituyen un pecado del *marketing* de marca. También aquí el oportunismo nos puede hacer perder la confianza del consumidor, ya que ponemos en peligro el prestigio de la marca, del producto y de la empresa misma.

4. Crear ventajas competitivas a través de la innovación, la investigación y el desarrollo.

La dinámica de la economía liberal depende justamente de la innovación, la investigación y el desarrollo. Por supuesto, la innovación debe ajustarse a las tendencias o a los deseos del consumidor, aunque no sea lo único a considerar. Son numerosas las innovaciones que no emanan del mercado, sino del trabajo tecnológico, la investigación y el desarrollo: las resultantes de la labor de científicos que no piensan en el mercado como tal, sino que se dedican a inventar productos que a nosotros no se nos hubieran ocurrido, y menos al consumidor. Claro que a la innovación sigue la importante etapa de prueba para saber si tal o cual producto puede o no ser atractivo para el consumidor.

5. Dar a la renovación tanta importancia como a la innovación.

Cuando en *marketing* se habla de innovación, de desarrollo de productos, se piensa en "ciclos de vida", de lo cual desconfío. El concepto "ciclo de vida" de un producto puede dar lugar a una actitud de resignación y llevar al fracaso. Por el contrario, debemos adoptar una actitud optimista. Existen miles de maneras de darle nuevo impulso a un producto. En una época en que no surgen a diario invenciones revolucionarias, la renovación es tan importante para el éxito empresarial como la innovación.

Quiero hacer aquí un comentario un tanto provocador sobre los llamados productos *me too,* o de imitación. Por regla general, los expertos en *marketing* los desprecian, pero yo los defiendo. Por una parte, con ellos se propicia la competencia, y en consecuencia se activa la economía; por otra, en algunas empresas hay productos originales que han terminado por convertirse en "vacas sagradas", en los que ya nadie piensa y que, en realidad, hace tiempo debieron haber cambiado. Entonces aparece uno de esos hábiles fabricantes de productos *me too* y transforma un poco un artículo, lo lanza al mercado a un precio menor o con diferente presentación y lo hace competir con el producto original. Esto, a mi juicio, se trata de una "imitación creativa" que incluso puede llegar a tener éxito.

6. Nunca practicar el *marketing* a expensas del beneficio.

La función del *marketing* es incrementar las

utilidades. En un mercado en pugna, en una economía estancada, mantener la competencia en los costos es muy importante. Desde el punto de vista del *marketing* nos empeñamos en dar con las mejores soluciones y con las ideas más originales en publicidad, pero si el *marketing* no se halla en relación con los costos, vamos a salir perdiendo.

En toda reflexión estratégica es primordial permanecer a la par con nuestros competidores en materia de costos. Únicamente de esa manera podremos aplicar una política de precios que nos permita mantener nuestra posición en el mercado y obtener, a la vez, un beneficio. Son muchas las posibilidades que se nos presentan, y no pienso sólo en los métodos de producción más idóneos, en la planificación, en la disciplina o en maquinaria más veloz. En relación con el *marketing* suelo hablar de la "cifra de negocios racional": un *marketing* descuidado, unos pedidos muy reducidos, una clientela exigua y unos artículos con escaso potencial de venta también pueden incrementar los costos. En estos casos debe ponerse un alto a la segmentación y a la sumisión al mercado; hay que sopesar la posibilidad de ceder en algo para manejar en forma más rentable lo que quede.

La publicidad implica importantes aspectos de costos que también hay que considerar. Con frecuencia nuestros expertos en *marketing* nos piden aumentar el presupuesto publicitario cuando se agudiza la competencia.

Alguna vez David Ogilvy me contó que la diferencia entre una buena y una mala publicidad con igual costo se sitúa en una relación de 17 a uno. Claro que no puedo comprobar esto con la precisión de Ogilvy, pero me parece que es cierto, sobre todo cuando veo la cantidad de ejemplos de mala publicidad que hay.

A nuestros expertos en publicidad siempre les digo que partan del propósito de mejorarla. No se trata de lanzar cada día algo nuevo, sino de ofrecer continuidad. Cuando nosotros ya estamos hartos de una publicidad, al consumidor apenas comienza a gustarle. Hay que intuir la manera de lograr algo concreto con publicidad de mejor calidad. Éste es un aspecto del costo que parece estar muy por debajo de la dignidad de numerosos expertos en *marketing*.

A lo anterior se agrega el problema de la marca individual y el de la marca de familia (categoría). Si dependiera de nuestros jóvenes gerentes de producto y de las agencias de publicidad, los presupuestos para cada envase con marca propia alcanzarían cifras astronómicas. Con eso ciertamente se lograría apoyar al producto, sólo que entonces ya no habría utilidades. Aunque no sea más que por el costo, como empresarios deberíamos defender la marca de familia o el aprovechamiento de la marca global con una sensata diferenciación de determinados perfiles de productos. Incluso empresas como Procter & Gamble y Unilever están considerando este aspecto, debido a que el monto de las ventas para un producto con una segmentación extrema no se cubrirá a causa de la mayor densidad publicitaria y el mayor costo que requiere la emisión de un mensaje publicitario. A tal ámbito pertenece lo que se llama *corporate image* o imagen corporativa.

7. No confundir el *marketing* empresarial con la obra de beneficencia.

A menudo se llama tendencia del consumidor a lo que en realidad es sólo una moda. Hay que saber diferenciar entre lo que realmente opina el consumidor y lo que nos presentan los círculos seudointelectuales del *marketing* al hablar de corrientes "modernas": el *marketing* social, por ejemplo, que en cada envase ostenta una leyenda señalando que dos centavos del precio del producto se destinarán a la "conservación de los bosques tropicales"; o el *marketing* ecológico, que indica que tal lata "protege el medio ambiente". Por supuesto, estas cosas tienen sentido, forman parte de una nueva toma de conciencia, pero no debemos confundir el *marketing* empresarial con la beneficencia. En realidad no aspiramos a la publicidad "adecuada" desde el punto de vista social; lo que queremos es vender la mayor cantidad posible de productos, en condiciones decorosas y sin engañar al consumidor.

8. Llegar al consumidor a través del mensaje emotivo.

Hay expertos en *marketing* que en realidad

están en contra de la publicidad, o que dudan de que exista alguna razón que la justifique, y por ello alegan que únicamente debería existir la publicidad informativa. La verdad es que el consumidor reacciona de acuerdo con sus emociones y, mientras sea genuina la publicidad, habrá que llegar a él a través del mensaje emotivo. Por lo menos, para vender un producto debemos evaluar objetivamente, por un lado, la publicidad informativa y, por otro, la emotiva.

A propósito de la publicidad informativa, quiero hacer una observación relativa al sector alimentario. A mi juicio, se exagera el aspecto "alimentación", que por supuesto es importante. Sólo que no debe olvidarse que alimentación también significa llenarnos el estómago de la manera más agradable posible, es decir, con un producto que tenga buen sabor y no cause problemas de digestión. Desde hace años —por ejemplo— se maldice al chocolate, por las ideas que se manejan en relación con su contenido de calorías o azúcar, y, pese a todo, continúa gozando de una amplia preferencia. El consumo de chocolate aumenta año con año en Europa.

9. Ofrecer al consumidor lo que le conviene.

Hemos aprendido que el *marketing* no es todopoderoso. En los años sesenta, los expertos en *marketing*, yo entre ellos, creíamos que nuestros productos se vendían exclusivamente por la marca. Cuando el mercado comenzó a caer, advertimos que el consumidor no compra sólo porque se trata de uno de nuestros productos: a cambio de su dinero pide algo bueno.

Los franceses, por ejemplo, aman a su país y, sin embargo, 50% de sus automóviles son de marcas extranjeras. Esto demuestra que el consumidor elige en función de lo que le conviene y no en función de la opinión que pueda tener de una compañía o de una actitud determinada.

Por cierto, la independencia del consumidor representa una oportunidad de negocio. Me tocó vivir boicoteos provocados por razones sociales y pude constatar que en la práctica casi no tuvieron consecuencias, ya que a fin de cuentas son los consumidores quienes deciden qué comprar y saben diferenciar entre el debate sociopolítico y su propio interés.

10. Estar alerta ante las propuestas publicitarias.

Cuando se reciben proyectos de "publicidad creativa" se debe tener cuidado de determinar si sólo se trata de una moda o de algo válido a largo plazo.

El ejemplo de una nueva corriente cuyo desarrollo conviene analizar es el de los "productos personalizados". En los Estados Unidos y Gran Bretaña se vende un chocolate que lleva el nombre de Henry Nestlé. No se llama "Nestlé", sino "Henry Nestlé". Y en Alemania hay una famosa cerveza, la Henninger, que ahora se vende bajo el nombre de "Christian

Henninger". Puede ser que esto tenga éxito, pero con ideas de *marketing* de este tipo hay que estar seguros de no sobrestimar los aspectos individuales.

Lo mismo vale para el comercio. No se puede promover un supermercado cualquiera, por ejemplo, con precios superiores mediante el simple argumento de la "frescura" de sus productos. Para hacerlo se requiere de la adecuada conjunción del tipo de negocio, su ubicación, la densidad de su clientela y el tipo de su administración.

11. Cada etapa debe encajar en el conjunto.

Con tanta especialización en el *marketing* llegamos a olvidar que cada etapa debe encajar en un conjunto. Dicho olvido es la razón de que a veces una idea magnífica conduzca al fracaso.

12. Cuidado con el *consumerism*.

El *consumerism* es una de la formas con que más frecuentemente se ataca al *marketing*. Se trata de una corriente nociva, no en tanto que legítima representación de los intereses del consumidor, sino en tanto que ideología. A través del *consumerism* se ataca todo: la publicidad, el producto y hasta la dirección de la empresa. Parece que sus representantes no se han dado cuenta de que el consumidor es capaz de tomar sus propias decisiones sin la guía paternalista de alguna entidad estatal o de la legislación vigente.

Juzgo correcto que se proteja al consumidor,

que no haya sustancias tóxicas en un producto, que las indicaciones del contenido sean apropiadas y que se informe bien al consumidor. Lo que no debe olvidarse es que en este nivel también se da la relación costo/beneficio y, por tanto, cabe preguntarse si el enorme costo que implica el *consumerism* realmente aporta algo al consumidor.

13. No exagerar en el *marketing*.

Exagerar en el *marketing* puede surtir un efecto contrario al deseado y se corre el peligro de perder credibilidad. Recordemos el proverbio árabe: "cualquiera llama gacelas a sus pulgas".

"Marketing" significa vender

Muchos jóvenes que aspiran a hacer carrera en el *marketing* son lo contrario de lo que necesitamos, ya que realmente no desean vender determinado producto, ni dedicar a ello todo su empeño, ni participar en el desarrollo de la empresa; más bien están interesados en ocupar puestos que en su medio gozan de cierto prestigio, halagar su vanidad o hacer una carrera rápida. Olvidan que el primer propósito del *marketing* es vender. Por eso es importante elegir bien a nuestros colaboradores; he aquí algunas observaciones al respecto:

1. Convencer no le cuesta al convencido.

El empresario no tendrá mejor argumento

de venta que contar con un experto en *marketing,* convencido de lo que hace y de lo que ofrece, al grado de que consuma en casa los productos que promueve.

Por su educación, los expertos en *marketing* suelen olvidar lo verdaderamente esencial y terminan por alejarse de la realidad del consumidor. En países pequeños, como Suiza, el problema no es tan complejo: la alta densidad demográfica pronto obliga a entrar en contacto con la realidad cotidiana. Pero no sucede así en los países más extensos, donde los estudios de mercado son imprescindibles para saber lo que la gente piensa, siente o desea.

2. El director debe ser el principal vendedor.

El director debe colocarse a la cabeza de los vendedores, no para vender en el sentido estricto del término, sino para imbuir a toda la empresa del espíritu y la mentalidad del buen vendedor. Hubo un tiempo en que hasta la venta estuvo subordinada al *marketing* y a sus técnicas novedosas. Las malas épocas nos hicieron volver a apreciar la función y la utilidad del auténtico vendedor.

3. El vendedor debe participar en el diseño del *marketing*.

En la actualidad, el vendedor debe disponer de más conocimientos y ser capaz de vender sistemas o soluciones para problemas diversos, debido a que sus interlocutores comerciales son administradores capaces y experimentados. Lo que debe conservar es la mentalidad y la actitud del auténtico vendedor; los chinos recomendaban que quien no supiera sonreír no abriera una tienda, lo cual sigue siendo válido. A raíz de su actividad en el mercado, el vendedor se entera de muchas cosas que deberían considerarse en el momento de diseñar el *marketing*.

III. Las marcas y las ventas

Las marcas y la publicidad

JUNTO con la calidad y la marca, el factor más importante para el éxito de un producto es la publicidad. Recordemos que las tareas de la publicidad son anunciar un producto, orientar e informar al consumidor, elaborar la imagen de la marca y propiciar la compra. Lo que constituye un verdadero reto (sobre todo si pensamos en las grandes sumas de dinero que destinamos a la publicidad) es la enorme diferencia existente entre la buena y la mala publicidad, así como las escasas posibilidades que hay de saber de antemano, por más estudios de mercado que se hagan, lo que va a funcionar y lo que no. Cuando en la antigua Grecia hablaba

Esquines, la gente decía "habló bien"; cuando lo hacía Demóstenes, decía "marchemos". La publicidad tiene que hacer "marchar" al consumidor, de lo contrario, para usar palabras de Lao-Tsé, "es mejor no hacer nada que poner mucho empeño en no lograr nada".

Para conseguir prestigio debe llevarse a cabo una buena y cuidadosa política publicitaria. He aquí algunos consejos:

1. Es mejor la publicidad prolongada.

La continuidad de la publicidad por periodos prolongados, con su concomitante efecto acumulativo, es tan decisiva como su calidad. Resulta igualmente importante la continuidad de las personas que se ocupan de la publicidad y el prestigio de una marca.

2. La publicidad es tarea de la dirección.

La importancia de la publicidad, su continuidad y su elevado costo son los motivos por los que la dirección de la empresa debe encargarse de ella. Esta responsabilidad no debe delegarse a los gerentes de marca subalternos que trabajan con los representantes de las agencias publicitarias, sujetos a su vez a una gran rotación. Los directores deben ser los administradores de la publicidad y de la marca, y son ellos quienes deben cuidar el rendimiento de las agencias publicitarias y su actividad creativa.

3. Los directores deben saber de publicidad.

Si se transfieren a la plana superior de la

empresa las tareas de la publicidad y las decisiones correspondientes, los directores deben entender de publicidad. Éste es un aspecto importante que se debe tener en cuenta para seleccionar a los ejecutivos, pues a ellos corresponde colaborar desde el principio en el diseño de objetivos y en el desarrollo ulterior del *marketing* y de la publicidad.

Por otro lado, la elevación del prestigio de las marcas y la política global de comunicación debe reincorporarse al ámbito de acción y de responsabilidad de los gerentes operativos. No deben efectuarse reuniones de información con las agencias sin la asistencia de los jefes operativos.

4. La publicidad debe ser "estética" a la vez que informativa.

Si bien es importante que la publicidad sea "estética", no hay que olvidar la información. La publicidad debe plantearse como una estrategia a largo plazo, con continuidad en el mensaje y credibilidad en lo anunciado.

5. Elegir los medios publicitarios implica manejar una gran cantidad de información.

Para elegir correctamente los medios publicitarios hay que ir más allá del simple cálculo aritmético del radio neto de alcance de cada uno, de los costos por contacto y de uno que otro dato demográfico.

6. Definir claramente los objetivos de la campaña publicitaria.

En general, la publicidad para el ejercicio en

curso tiene por objeto actualizar la oferta, apoyar las ventas y elevar a corto plazo la disposición para la compra. La publicidad puede llevarse a cabo enriqueciendo un mensaje duradero con elementos de actualidad, tales como los movimientos de precios u otras particularidades temporales.

7. Adaptar la publicidad al medio que vayamos a utilizar.

Sólo será posible adaptar la publicidad a los medios si existe congruencia entre los objetivos de ésta y los del *marketing.* Se logrará mayor eficiencia si se lleva a cabo una investigación publicitaria propia. Debe ponerse énfasis en los medios especializados y en los medios marginales.

Las revistas especializadas, sobre todo las comerciales, constituyen un medio publicitario excelente. Cuanto más intenso sea el *marketing* regional, cuanto mayor sea nuestro enfoque sobre determinadas agrupaciones comerciales, cuanto más se reduzcan los equipos de agentes de ventas o cuanto menor sea el número de tiendas visitadas, tanto más determinante será transmitir mensajes acerca del producto al sector comercial por conducto de las revistas especializadas.

8. Propiciar la colaboración entre los sectores encargados de la publicidad, las ventas y las relaciones públicas.

Los principales elementos de las marcas y de

la publicidad deben aparecer en todos aquellos recursos con que se cuente (materiales de exposición, eventos de relaciones públicas, etcétera).

9. Favorecer la publicidad regional.

Apoyar la publicidad regional y la concentración publicitaria mejora la posición del producto en el mercado.

10. Gastar en publicidad.

Por lo general se exagera el costo de la publicidad en relación con el número de negocios. Lo cierto es que esta disparidad termina por equilibrarse a través de la reducción en la cantidad de mensajes. Siempre conviene destinar recursos adicionales a la publicidad a través de los medios de comunicación, al fortalecimiento de las marcas y a las actividades en favor de los nuevos productos.

El comercio y la industria

Pese a la disparidad de objetivos entre la industria y el comercio, y pese al hecho de que el comercio desarrolla sus actividades en función del *marketing*, se dan las premisas para la cooperación de ambos sectores. Si se quiere evitar que la promoción de la industria termine en el escritorio del agente de compras, se debe cumplir con una serie de requisitos:

1. Coordinar las actividades del comercio y la industria.

Las medidas de promoción de ventas de la

industria son parte integrante del esfuerzo global para vender que lleva a cabo el comercio. De ahí que la planeación a largo plazo del comercio exija una pronta coordinación de éste y la industria.

2. Realismo en lugar de improvisación y simpatía.

Coordinar las actividades de la industria con las del comercio es el paso necesario para sustituir la improvisación por el análisis preciso y la cuantificación de la preferencia de una marca, o de una categoría de productos respecto de otra. Esto permite que sea la realidad concreta la que quede por encima del amable intento por granjearse la simpatía del agente de compras.

3. Las ventas de la industria deben respaldar las ventas del comercio de la manera más exclusiva posible.

Cuanto más exclusividad pueda el abastecedor garantizar al comercio, tanto más propicias serán las condiciones de cooperación entre ambos. Una promoción de ventas de la industria que pase a formar parte de una extensa campaña temática del comercio y se lleve a cabo en todos los medios de difusión, sólo llegará a cumplir con el propósito exclusivista del comercio si ninguna otra empresa comercial la desarrolla.

Estas campañas favorecen a una empresa comercial y su efecto es aún mayor cuando son acompañadas de ventajas concretas en relación con los competidores. Por supuesto, el límite se da cuando la colaboración con un interlocutor comercial lesiona el principio de igualdad de trato que debe existir para con los otros.

Las ventas

Las campañas de ventas tienen por objeto mejorar las condiciones de la empresa, no las condiciones que se ofrecen. Con esto en mente, pongo ante la consideración del lector las siguientes reflexiones:

1. La promoción de ventas es un medio táctico, no estratégico.

Por una parte, la promoción de ventas debe volver a formar parte del mensaje publicitario global; por otra, deben tomarse en cuenta los objetivos, así como la situación y la evolución del comercio, de las agrupaciones comerciales y de las empresas.

2. El descuento no debe ser el único medio de promoción de ventas.

El descuento debe ser una medida complementaria de la oferta y servir de remuneración por el servicio comercial que se presta. Las rebajas excesivas y continuas dan lugar a distorsiones exageradas de los precios, que a su vez derivan en efectos negativos y terminan por confundir al consumidor.

3. Una campaña constructiva de ventas es más importante que cualquier descuento.
Lo importante es incrementar el consumo y el número de compradores.

4. Hay que arraigar el lema publicitario en el lugar de venta.

5. Hay que adoptar medidas que permitan conquistar la fidelidad del cliente.

6. Hay que ofrecer al cliente soluciones prácticas y facilitarle la labor de integración de los productos.

7. En lugar de una "campaña de aplanadora", hay que desarrollar una promoción adecuada a grupos comerciales o a clientes individuales.

8. En una promoción "hecha a la medida" es conveniente abarcar tanto al consumidor como a los mercados mayoristas y de empresas mixtas.

9. Hay que simplificar y mejorar la estructura de precios.
La diferencia entre el precio de venta normal y el precio neto, una vez efectuadas las deducciones correspondientes, debe tender a disminuir. El precio neto debe adaptarse a las condiciones del mercado, y ese precio debe ser honesto.

10. Hay que crear condiciones de venta más rigurosas que eleven las utilidades.

11. Hay que adaptar las condiciones de venta al mercado.

12. Hay que distinguir entre las condiciones que se imponen en función de la cartera de pedidos y las relativas a las ventas anuales o a las rebajas de promoción.

13. Hay que ganar en lugar de engañar.

14. Hay que limitar la tendencia a las rebajas de promoción.

15. Hay que definir el límite de los pedidos mínimos para descartar los negocios poco rentables.

16. Hay que definir las condiciones globales para el comercio mayorista.

SEGUNDA PARTE

IV. "All business is local"

MUCHO se habla hoy del "*marketing* global". Es un nuevo *slogan* que de algún modo también significa "*marketing* anodino". Y es cierto que ha habido una evolución que llevó a practicar el *marketing* a mayor escala gracias a la comunicación por satélite, la mayor extensión de los mercados, las migraciones y los productos que se venden por igual en todos lados, como las computadoras y la gasolina. Pero nosotros, en nuestra empresa, vendemos los productos directamente a los consumidores, y resulta que éstos son diferentes de un país a otro. Considero que puesto que la mentalidad y los hábitos de consumo cambian tanto entre un país y otro, sigue siendo cierto eso de que *all business is local*. Incluso podría decir un poco en broma que el *marketing* global fue inventado por los altos ejecutivos como una manera más de ampliar su poder.

Ofrezco a continuación mis puntos de vista sobre cómo enfrentar el fenómeno de la globalización de los mercados a través de políticas del *marketing*.

1. Definir los aspectos locales y los globales del *marketing*.

Si bien es cierto que una empresa multinacional debe adaptar su acción al caso de cada país en que tenga intereses, también lo es el hecho de que pueden ser útiles algunas estrategias de carácter internacional; por lo menos en política de marcas y diseño de envases no hay por qué hacer algo distinto para cada mercado y, por lo que toca a la publicidad, existen principios que se pueden aplicar casi donde sea. Lo importante es definir aquellos aspectos del *marketing* que deben atender las necesidades locales y aquellos que deben hacerlo con lo impuesto por una necesidad global.

2. Es mejor oponerse al *marketing* global.

Cuando se dirige una multinacional, tal vez lo mejor sea frenar el *marketing* global, y así crear un contrapeso a la organización en provecho del consumidor. Por otra parte, si a través del *marketing* global se obtiene una publicidad que deje algo que desear en algunos países, no se logrará otra cosa que una desventaja global.

3. Intuir es aprovechar de manera creativa la información.

En lo sucesivo, el *marketing* será objeto de transformaciones que ni siquiera podemos sospechar. Lo que hace 20 años pensamos y previmos, y lo que realmente sucedió, debería enseñarnos a forjarnos previsiones con más cautela. Lo que se necesita es una combinación de intuición, información y *marketing* creativo.

4. La diversidad de los medios de comunicación será cada vez mayor.

Este fenómeno afectará definitivamente al *marketing*. Dará lugar a una comunicación más puntualizada, a una individualización de los productos y a la segmentación del consumo. Pronto se habrá superado la cúspide del poder de la demanda y se equilibrarán oferta y demanda.

5. Hay que aprender a vender productos comunes a mejor precio.

La industria de bienes de consumo estará en condiciones de fijar las diferencias de precio entre marcas privadas y marcas nacionales de forma tal que no superen la preferencia por una marca o la distinción de calidad.

6. La comunicación global estimula el progreso científico y tecnológico.

El 90% de los científicos que ha tenido la humanidad han vivido en nuestra época; cada 10 o 15 años se duplica el número existente de publicaciones especializadas. En 1880, en los

Estados Unidos sólo el 2% de la población activa trabajaba en el campo de la información; para el año 2000 lo hará el 66%.

7. El manejo de la información se está convirtiendo en asunto del mercado.

Incluso el correo y las telecomunicaciones, que por tradición eran monopolios del Estado, se están privatizando.

8. La comunicación global y la liberación de los mercados representan oportunidades para las empresas multinacionales.

Las operaciones industriales y financieras transfronterizas, la transferencia de tecnología, la internacionalización de los hábitos de consumo, la dirección y la comunicación interna de las empresas son elementos que permiten realizar actividades a escala global.

9. El *marketing* y la comunicación transforman los hábitos.

Gracias al *marketing* y a la comunicación se difunden más intensa y rápidamente por todo el mundo los sectores globales y las marcas globales, como Nescafé, Coca-Cola o Mercedes, y se propaga por todos lados el gusto por la cocina italiana, los muebles ingleses o el golf. Pese a todo, lo anterior no ha originado un consumo generalizado, sino grupos de consumo y estilos de vida que se difunden por todos lados sin perder su carácter de sectores locales.

10. La publicidad ofrece grandes oportunidades a las empresas pequeñas y medianas.

La publicidad local se puede complementar con transmisiones vía satélite, mensajes televisivos y la prensa internacional. Hoy, gracias también al fax y a la comunicación global, las pequeñas y medianas empresas pueden operar a nivel internacional.

11. Los ejecutivos deben dedicar más tiempo a la información y a la política inherente a la información.

Saber informar, hablar, explicar, motivar y convencer deben figurar entre las cualidades del ejecutivo, quien también debe incluir en su quehacer cotidiano actividades de comunicación interna y externa.

12. La mejor política empresarial es transparente y franca.

Por fortuna, el castillo de Kafka ya es parte de la historia. La moderna evolución de la comunicación contribuyó en gran medida a la transparencia de las empresas y del capitalismo, al exponerlos a la mirada de públicos de todo el mundo.

La comunicación global exige además que se dedique mayor atención a conceptos tales como imagen corporativa, identidad y "filosofía" empresariales.

13. Los medios de comunicación contribuyen al desempeño óptimo de las empresas multinacionales.

Los medios de comunicación, junto con los nuevos métodos de comunicación operativa, permiten a una empresa multinacional programar la producción a nivel internacional; así, en todo momento se puede saber lo que se produce en un país dado y lo que se vende en otro. Esto implica peligros. Poder comunicarnos con una de nuestras oficinas a miles de kilómetros de distancia encierra el riesgo de caer en la centralización.

14. Se requieren ejecutivos de nivel medio que tengan experiencia administrativa y conozcan el manejo de las redes de datos.

Con tanta información al alcance, el director puede tener problemas para evaluar los datos. Lo ideal es contar con colaboradores a nivel medio que tengan experiencia administrativa y conozcan el manejo de las redes de datos.

15. La tecnología requiere del contrapeso de los contactos personales.

La tecnología no puede sustituir a una dirección con frecuentes contactos personales con los colaboradores.

16. La comunicación global, la apertura de mercados y la creación de mercados únicos estimulan la competencia empresarial, y harán que se recompense aún más el rendimiento y se sancionen con más severidad los errores.

V. La adquisición como estrategia del "marketing"

NO EXISTE una teoría universal de la que pueda derivarse una estrategia ideal en materia de adquisiciones o del *marketing;* es posible, eso sí, dar con soluciones concretas aplicables a los casos específicos de las empresas. Sin embargo, cabe reflexionar en torno a una de las consecuencias de la acelerada globalización de los mercados: la adquisición, como un instrumento del *marketing;* fenómeno que cobra día con día mayor relevancia y que también es resultado de la integración regional de Europa, de América del Norte y, pronto, de la Cuenca del Pacífico.

Últimamente hemos observado la gran cantidad de fusiones y absorciones de empresas que, sobre todo en los Estados Unidos, y por cierto también en Australia, algunos expertos, ávidos de beneficios rápidos y especulativos, han promovido hasta la exageración. Por supuesto que llegará el momento en que se detendrá esa febril actividad. Será entonces cuando se verá en la adquisición de empresas un instrumento estratégico del *marketing,* una manera de contribuir al ajuste estructural y a la difusión de innovaciones en los mercados mundiales.

Cuatro principios generales de las adquisiciones

Por una parte, la aplicación de los siguientes principios ha de considerar un aspecto de suma importancia: la globalización de los mercados. En materia de bienes de inversión, desde hace algún tiempo, sólo sirve la mejor maquinaria y ésta es la que se impone a nivel mundial; los bienes de consumo se hallan a la zaga y los aparatos electrónicos son la prueba más patente; por doquier, los jóvenes escuchan la misma música y se visten igual; las costumbres alimentarias son cada vez más homogéneas. Por otra parte, hay que tomar en cuenta que una empresa que busca el éxito a nivel mundial ya no puede proceder por etapas, es decir, explotar primero el mercado local e intentar después la conquista de los mercados de exportación. Lo que requiere es lograr una presencia total con igual peso en los tres principales mercados, Europa, América del Norte y la Cuenca del Pacífico, con su centro de gravitación en Japón. Vale decir que quien tenga visión estratégica no dejará de prestar atención a los mercados del Tercer Mundo.

El éxito en los mercados de los principales países industrializados presupone una presencia de igual envergadura que la de un competidor importante. En este sentido, los criterios son muy rigurosos debido a que se redujo la dimensión concreta de los mercados y a que la globalización, tanto de los mercados como de las empresas, ha dado lugar a la ampliación de la oferta de productos.

1. El éxito de una absorción depende de la voluntad de que las empresas aprendan unas de otras.

En el *marketing,* el éxito es resultado de la combinación de los conocimientos y la experiencia de los más diversos colaboradores. Si no se propicia este intercambio, se desaprovecha un valioso efecto sinérgico.

2. Toda adquisición implica aportar ventajas.

La solidez financiera debe ser una aportación de quien adquiere. Al respecto, conviene señalar que la liquidez disponible para absorber una empresa no es más que un aspecto parcial; por supuesto, es bueno y con frecuencia conveniente financiar la adquisición, en su totalidad o en gran parte, con recursos propios; pero en un país donde se dispone de un buen sistema crediticio, resultaría absurdo no hacer uso de él.

También se pueden hacer aportaciones importantes en rubros tales como las estructuras, la oferta y la posición en el mercado.

3. No conviene adquirir empresas con dificultades económicas.

La empresa o el grupo de empresas que se va a adquirir no sólo debe aportar fuerza, sino que debe buscarla. Conviene, además, que la empresa a adquirir tenga potencial de expansión a largo plazo, el *know how* en el *marketing* y la tecnología.

4. Conviene que haya vinculación entre lo que se tiene y lo que está por adquirirse.

Las adquisiciones deberían limitarse a aquellos sectores cuyos mercados y procesos de fabricación permitan establecer un vínculo entre la oferta disponible y la que se va a adquirir. Esto implica prescindir del conglomerado y de la integración vertical, de la incorporación de las fuentes de materias primas y del mercado minorista.

Los efectos sinérgicos

En la decisión estratégica relativa a una adquisición, la posición en el mercado es una consideración más, no la más importante. Los costos, en cambio, sí revisten un papel preponderante: si se quiere ser líder en el mercado, no es suficiente contar con la expansión anual del mismo, es necesario poder desplazar a los competidores. Este proceso ocasiona costos desproporcionados tanto para la empresa "atacante" como para la "atacada", a menudo innecesarios para la economía en su conjunto.

En tal caso, la adquisición representa la solución más provechosa. Siempre será más conveniente la cooperación, por oposición a la agresividad, en tanto no se confunda la posición de líder del mercado con monopolio, ni su presencia en el mercado con la dominación del mismo.

En relación con las consecuencias que se derivan de la adquisición como estrategia del *marketing,* hay que comentar lo siguiente:

1. Se producen efectos sinérgicos que justifican la inserción de empresas en un conjunto más global.

Tales efectos en el sector de la producción se dan a raíz de la agrupación y de la racionalización de los procesos afines de las empresas, en tanto que en el *marketing* se multiplican a través del efecto de enriquecimiento recíproco derivado de las diferencias de fuerzas de las distintas empresas.

2. Se enriquecen los mercados.

El enriquecimiento de los mercados resulta cuando una empresa pequeña es absorbida por un grupo poderoso con experiencia mundial en *marketing* y con posibilidades reales de acceso a los mercados.

3. El reto implícito consiste en poner en consonancia los efectos sinérgicos derivados de las adquisiciones y la globalización con las exigencias regionales de los mercados y los gustos de la clientela.

Por experiencia propia, sé que no basta con puramente normalizar los productos a nivel internacional ni con imponerlos en todos lados sin modificaciones. Sobre todo, se trata de globalizar conceptos como calidad, garantía de calidad y soluciones propuestas por la clientela misma.

TERCERA PARTE

VI. Cómo dirigir un acorazado

EL DEBATE en torno a las compañías multinacionales ha ido cobrando un tono cada vez más objetivo a lo largo de los últimos años; terminó la época en que se les atacaba abiertamente en público; en la prensa ha disminuido el número de artículos en los cuales se les veía como al diablo mismo; se reconocen las ventajas de la economía liberal y de la inversión privada. El derrumbe del sistema de economía dirigida contribuyó en gran medida a la creación de esta nueva situación. Hoy, el diálogo es más intenso entre las compañías multinacionales, las organizaciones internacionales y los distintos sectores de la sociedad.

Conforme se organizan las relaciones de competencia, se acelera el desarrollo tecnológico y se lleva a cabo la labor de investigación, con las elevadas inversiones que eso supone, junto con los sistemas mundiales de comunicación y la división internacional del trabajo, se reconoce más abiertamente que las empresas multinacionales son necesarias, mas no imprescindibles.

Dirigir una empresa multinacional constituye un reto enorme y es una actividad en la que constantemente hay que vigilar gran cantidad de variantes. A continuación expongo lo que la experiencia me lleva a considerar los principios de dirección de una multinacional.

Principios de dirección de una multinacional

1. Poner más atención en las personas y en los productos que en los sistemas.

Todos reconocemos la utilidad de los sistemas y los métodos para una organización compleja, pero éstos son sólo auxiliares de la dirección y de la actividad operativa y no deben convertirse en fines en sí mismos.

La orientación hacia el potencial humano de la empresa debe ser un componente decisivo de la dirección. De ahí la importancia de la formación y el perfeccionamiento de ese potencial, de la relación con nuestros colaboradores y del cumplimiento de nuestra responsabilidad social como empresarios.

El ambiente personalizado de trabajo, el estilo de dirección directo e igualmente personalizado, la credibilidad de nuestros ejecutivos, el trato frecuente de unos con otros, más allá de las fronteras y las unidades productivas, son asuntos que hay que cuidar y tener siempre muy presentes.

2. Dar ante todo prioridad a las perspectivas a largo plazo.

Para atender a las perspectivas a largo plazo es necesario contar con un volumen de negocios anual suficiente que permita reflexionar y obrar en tales circunstancias, lo cual no es factible si constantemente se está luchando por sobrevivir.

Conviene tener siempre clara la diferencia entre estrategia y táctica. De lo que se trata es de ganar no una batalla, sino la guerra. Si se parte de este principio se evitarán conflictos entre grupos diversos, problemas sociales en la plantilla de trabajo y enfrentamientos entre el comercio y la industria.

3. Descentralizar.

No es suficiente hablar de descentralización, hay que aplicarla en la práctica. Con ello se logrará mayor capacidad operativa y flexibilidad que, a su vez, permitirán adoptar medidas y tomar decisiones mejor adaptadas a la situación específica de cada país.

Una política de este tipo fomenta la motivación y favorece la identificación de nuestros ejecutivos y colaboradores con el ramo. Aunque, claro, la descentralización trae consigo otro tipo de consecuencias que debemos tomar en cuenta en el momento de seleccionar al personal; en particular, hay que efectuar grandes inversiones para crear capacidad directiva y una administración de altura, dignas de confianza.

4. Ofrecer a los colaboradores capital de confianza.

Si bien es cierto que Lenin dijo que si "la confianza es buena, el control es aún mejor", opino que se deben crear condiciones para que prevalezca la confianza y se ofrezca a nuestros colaboradores cierto capital de confianza. Según la máxima de Goethe, al tratar a los seres humanos según lo que son, se termina desprestigiándolos, mientras que si se les trata como podrían ser, se les enaltece. Con todo, debe observarse que la libertad que se otorgue a los colaboradores se maneje con sensatez, y también vigilarse constantemente que los ejecutivos estén a la altura de la descentralización.

5. Definir con claridad las funciones de la oficina central.

Además de ocuparse de las decisiones estratégicas y financieras importantes y de la política fundamental, la oficina central de una empresa multinacional se puede hacer cargo de la coordinación internacional de los mercados, así como de la producción, las importaciones y exportaciones, la puesta a disposición de expertos y del *know how*, la capacitación del personal directivo internacional, la financiación básica, la investigación o la coordinación de las unidades de investigación, que en parte pueden estar descentralizadas.

6. Propiciar una estructura organizacional lo más sencilla posible.

Hay que estar en contra de la burocracia y de la hiperorganización; buscar un mínimo de niveles de dirección, márgenes amplios de control y una estructura jerárquica básica ligera. Esto debe propiciar flexibilidad y un buen ambiente de trabajo.

7. Implantar un estilo directivo colegiado.

Conviene implantar un estilo directivo colegiado, abierto, combinado con una cúpula directiva claramente definida. Es mejor un equipo "de punta" que un equipo "en la punta" y evitar las irresponsabilidades y rivalidades.

8. En lo relacionado con la organización y la dirección, hay que empezar por arriba.

Es importante determinar los ámbitos de responsabilidad para que no sean muchos los que se atribuyan los logros ni sea siempre uno el que cargue con los fracasos.

Como quiera que se dé la organización interna, el consejo de administración debe ejercer un control general, sobre todo en lo que respecta a la dirección de la empresa, sea quien sea el que asuma esta tarea.

9. Determinar los principios, políticas, normas y estrategias comunes y aquellos que habrán de diferenciarse por países, compañías, regiones, sectores o grupos de productos.

Es mejor reducir al mínimo las políticas generales, pero debe exigirse estrictamente su cumplimiento, a no ser que se dé una razón válida y bien fundamentada.

10. Crear sistemas y métodos homogéneos.

Los sistemas y los métodos deben ser homogéneos, en tanto que se pueden descentralizar al máximo cuestiones relativas al personal, al *marketing,* a la calidad de los productos y todo aquello que dependa del consumidor o de la competencia local.

La política general debería consistir en propiciar la máxima integración posible a las circunstancias, la mentalidad y la situación regional, ya que no se trata de crear una enorme central con empresas satélites en el extranjero.

11. Todos los colaboradores deben conocer el origen de la empresa y su filosofía básica.

Se deben dar a conocer entre los colaboradores la historia y la filosofía de la empresa con objeto de fortalecer el sentimiento de grupo. Sin embargo, una de las virtudes de una empresa multinacional es que, a través del intercambio de personal y expertos que la caracteriza, contribuye a promover la tolerancia y la comprensión internacionales.

12. Acertar en la selección del personal directivo adecuado.

Cuanto más alto el rango, mayores deben ser la capacidad intelectual, la formación y la experiencia. Al seleccionar a nuestros altos ejecutivos hay que considerar:
— su personalidad,
— su sentido de responsabilidad,
— sus cualidades morales,
— su aptitud para aprender,
— su receptividad para lo nuevo,
— su imaginación y su visión,
— su curiosidad,
— su capacidad para comunicar,
— su capacidad para motivar,
— su capacidad para crear un ambiente de trabajo innovador,
— su capacidad de reflexión coordinada y
— su credibilidad.

13. Exigir aptitudes directivas a los cuadros.

La aptitud para dirigir, tal como yo la entiendo, con visión internacional y predisposición al cambio, es un requisito que debe asistir no sólo a la cúpula sino también a los cuadros de la empresa.

14. Nombrar personal local e internacional.

En los nombramientos que se hagan para cubrir los distintos mercados se debe incluir personal local e internacional. Así se combina experiencia y diversidad en las funciones directivas.

15. Equilibrar la rotación y la continuidad en los puestos.

En los últimos 20 años, bajo la influencia de los Estados Unidos, se habló mucho de la *job rotation,* la que, por cierto, es necesaria para perfeccionar al personal directivo. Sin embargo, no debe subestimarse la importancia en la continuidad de la dirección, ni el valor de la experiencia y los conocimientos que se adquieren con el paso del tiempo. Numerosas empresas han contado con la misma dirección durante muchos años, decenios incluso, y han prosperado y se han desarrollado de manera dinámica.

16. Preparar al futuro personal directivo.

Para contar con personal directivo a largo plazo conviene contratar y capacitar a jóvenes, de manera que en 10 o 15 años estén en condiciones de asumir tareas directivas. Tarde o temprano, un tercio de estos colaboradores podría asumir tareas de importancia internacional.

Por lo que toca a los equipos ejecutivos, estimo indispensable aplicarles la teoría de la complementación —es difícil que una sola persona reúna todas las cualidades y la experiencia necesarias.

17. Aspirar a convertirse en auténtica empresa mundial.

No es correcto aspirar a convertir la empresa en un conglomerado o en un simple administrador de carteras de inversiones. A lo que hay que aspirar es a llevar a cabo operaciones en sectores de los que algo se entiende; ser una empresa mundial, no un "tocalotodo". Por ello, la diversificación y las adquisiciones han de hacer las veces de complementación lógica de las operaciones de la empresa, en el marco de una política empresarial bien definida y de un *marketing* adecuado.

18. Crear un ambiente innovador.

El ambiente innovador en la empresa fomenta la expansión. No es que sea obligatorio buscar la innovación impactante y trascendental; basta con no subestimar la función de la renovación y la constante adaptación de nuestro surtido de productos, y aprovechar el intercambio de experiencias a nivel internacional.

19. A mayor homogeneidad del negocio corresponde un mayor apoyo al concepto regional.

Sobre la controversia que enfrenta a dos importantes conceptos de organización, la regionalización en oposición a las divisiones de productos, opino que a mayor homogeneidad del negocio ha de corresponder mayor apoyo al concepto regional, con uno que otro elemento de división. No es necesario tener responsabilidad operativa para aprovechar y coordinar al máximo el *know how* del producto y su desarrollo. Por lo demás, los organigramas deben adaptarse a las aptitudes y experiencia de las personas disponibles.

20. Aprovechar el nuevo tratamiento de datos y la comunicación integral.

El nuevo tratamiento de datos y la comunicación integral ofrecen muchas posibilidades a una empresa internacional de envergadura. Sin embargo, el hecho de poder dialogar directamente con una sucursal a miles de kilómetros de distancia no debe limitar la descentralización de las decisiones y las operaciones.

21. Hacer uso de los instrumentos de planeación y control.

Una empresa de carácter mundial no puede prosperar sin instrumentos de planeación y de control. Para el proceso de planeación se necesitan tanto datos y cifras *top-down* como *bottom-up*. Por lo general, dicha planeación debe contener menos números y más descripciones de objetivos y medios para alcanzarlos, así como aspectos de planeación cualitativa: *More pepper, less paper!*

22. Las grandes empresas son acorazados, no lanchas veloces.

Las grandes empresas son acorazados, no lanchas veloces. Sin embargo, la satisfacción por lo logrado puede impedir ver la necesidad de innovar. Razón por la cual una de las principales tareas de los altos directivos ha de ser encauzar los cambios imprescindibles lo antes posible y convencer a los demás de crear un ambiente propicio para la evolución y las nuevas iniciativas.

23. Desarrollar el sentido de la oportunidad.

Quien perciba a tiempo una posible evolución y tome las decisiones y medidas correspondientes, incluso cuando quienes lo rodean no han logrado darse cuenta de ello, es más probable que logre el éxito. Puede ocurrir, no obstante, que una idea se desarrolle demasiado pronto, antes de que se comprenda su posible alcance.

24. Disponer de una serie de estructuras sencillas y flexibles.

En un entorno en continua transformación hay que aceptar el cambio como un proceso permanente, aun cuando se mantengan vigentes las posturas y objetivos básicos. Ésa es la razón por la que se necesitan estructuras sencillas y flexibles.

25. Practicar el tipo de administración por provocación.

Para dar curso rápido a las modificaciones necesarias, la alta dirección de una empresa cuenta con técnicas y procedimientos adecuados. Me gusta la administración por provocación porque las afirmaciones provocadoras suscitan de inmediato reflexiones y reacciones, y desatan procesos. Considero primordial el contacto personal, las conversaciones con los ejecutivos y otros colaboradores de los distintos países; no hay contacto epistolar que lo pueda remplazar.

26. El factor importante es la "concentración económica".

El tamaño de una empresa no importa tanto como el mantenerse dentro de la competencia a nivel internacional. El poder y tamaño de una empresa han sido objeto de exageraciones casi míticas, cuando lo que en realidad sucede es que han sido limitados por la legislación vigente, la competencia, los órganos de control y la publicidad, y así debe ser. De ahí que el tamaño de una empresa ya no debería degenerar en ideología; más bien, debería irse forjando a través del juego de las fuerzas del mercado y de consideraciones económicas. Sólo así se podría determinar la envergadura de un ramo o un sector de productos dado.

Para mantener la competitividad a nivel internacional, las empresas tienen que adquirir un tamaño aceptable. De lo contrario, no es posible disponer de fondos para la investigación o la adquisición de tecnología. Por su parte, las empresas pequeñas y medianas de carácter local pueden explotar productos especiales o dedicarse al sector de servicios. La variedad es importante.

VII. La importancia de los colaboradores

Con toda razón se espera que el director de una empresa, en primer lugar, motive al personal directivo y al resto de los colaboradores. Esto implica evaluar logros y directrices, cuidar en extremo la selección del personal directivo y verificar la ejecución de la política administrativa. Mi principio es la orientación absoluta hacia el largo plazo, sobre todo en cuanto a la política relativa al personal.

Lo que se invierta en el perfeccionamiento del personal directivo y en la capacitación del resto de los colaboradores es efectivo para el futuro. Tan importante es la cantidad de fondos que para ese fin se destine, como la manera de emplearla. Una empresa no es una academia que deba ofrecer cursos de toma de decisión para capataces o sobre los principios psicológicos de las relaciones humanas, mucho menos cursos de cerámica china. A cambio de esto debe proporcionar una formación orientada hacia los objetivos y las necesidades empresariales, con la decidida participación de los directivos como ponentes.

Los siguientes comentarios tratan sobre la política relativa al personal.

1. Los asuntos de personal no son cuestión del departamento de personal.

Por lo general, el jefe de personal no lo es del personal, sino director del departamento de personal. Se equivocan los jefes de sección, división o sector que suponen que los asuntos acerca del personal son cuestión de dicho departamento, aunque, por supuesto, éste asume importantes tareas en relación con el personal: asesora a la dirección y vela porque en materia de personal los principios y prácticas se apliquen a todos por igual, de acuerdo con las diferencias impuestas por las circunstancias propias de cada país.

2. La terminología compleja es peligrosa.

El trabajo y la política de personal deben estar libres de términos complicados, como *human resources department,* estilo de dirección cooperativo, participación en la administración, etc. No es que esas expresiones no señalen asuntos importantes, pero nuestros colaboradores saben distinguir entre expresiones vacías y auténticos intentos por implantar políticas limpias.

3. En ningún caso deben los sistemas sustituir a la dirección.

Cuando la dirección deja de ser efectiva proliferan los sistemas de personal (sistema de fijación de sueldos, de evaluación, de clasificación, instrucciones detalladas para el manejo del personal, etc.). Esto cuesta mucho y no rinde nada. Reconocer lo realmente necesario y comprender las respectivas funciones directivas hace más fácil la reducción del departamento de personal.

4. Las estructuras sencillas y comprensibles evitan que se alcen pirámides de comunicación e información.

Para que nuestro trabajo con el personal sea eficaz y estimulante se requiere crear un amplio margen de control y pocos niveles jerárquicos, así como delegar responsabilidades y competencias. Los pliegos de condiciones muy detallados y la delimitación de las responsabilidades son en realidad innecesarios, no así las instancias capaces de dirimir conflictos e imponer nuevas disposiciones.

5. Los principios generales deben ser respaldados con el ejemplo.

He guiado mi acción directiva a partir de algunos principios generales, tales como el pragmatismo, el realismo, la apertura al mundo, un mínimo de sistemas y reglamentos, un estilo de dirección personalizado, confianza mutua en vez de intrigas, nada de jactancias, pocas frases hechas, nada de hipocresías ni de folletos sobre la filosofía de la empresa. Siempre ha sido bueno predicar con el ejemplo.

6. Corresponde a los altos directivos defender la filosofía de la empresa.

La credibilidad es lo más difícil de recuperar, de tal manera que el comportamiento equivocado de un ejecutivo lesiona nuestro trato con el resto del personal. Corresponde a los altos directivos defender la filosofía de la empresa y adaptarla con cuidado a las nuevas circunstancias.

7. Para mejorar las relaciones con el personal hay que comenzar por la dirección.

La propia dirección ocasiona más de la mitad de los problemas de una empresa. Por eso es conveniente tener cuidado en verificar que el futuro colaborador sea inteligente y talentoso, tenga la formación adecuada y posea experiencia. A éste prefiero mirarlo a los ojos que ver sus certificados.

8. Hay que solicitar a las universidades que transmitan ideas sobre la práctica y para la práctica.

En la formación de un directivo debe darse la conjunción de la escuela, la empresa y los

LA IMPORTANCIA DE LOS COLABORADORES

institutos de enseñanza superior. Las universidades deberían transmitir ideas y expectativas tanto sobre la práctica como para la práctica. Se necesita una mejor comprensión de nuestro sistema económico y conocimientos más concretos sobre sus ventajas respecto de otros sistemas.

Nuestra juventud debe ser alentada a asumir un verdadero compromiso y a distinguir entre la realidad y una imagen idealizada. Toda actividad entraña siempre un riesgo, así que hay que aprender a ponderar tanto el costo como el beneficio.

9. La edad y la juventud, así como los conocimientos y la experiencia hacen un conjunto coherente y eficaz.

Casi todo hay que vivirlo en carne propia. De ahí que, por faltarles experiencia, a los jóvenes deben asignárseles responsabilidades limitadas, lo que no quiere decir que un joven no pueda recibir un cargo ejecutivo. Soy partidario de la teoría de la complementación y me parece que un equipo directivo debería estar compuesto de tal forma que la edad y la juventud, los conocimientos y la experiencia hagan un conjunto coherente y eficaz.

10. Los colaboradores se sienten con confianza y se identifican con la empresa si reciben información.

La información es parte importante de la política de personal. Si los colaboradores reciben información se sentirán seguros, con confianza e identificados con la empresa.

La información debe compartirse en dosis adecuadas y con contenido y presentación idóneos. La información verbal directa y un lenguaje comprensible siempre son preferibles a un texto tedioso. De este asunto deben ocuparse los jefes respectivos de los departamentos de personal y relaciones públicas.

El personal directivo debe tener acceso a los antecedentes, en tanto que el resto de los colaboradores prefieren recibir información sobre su lugar de trabajo y sobre lo que puede afectarlo de manera personal, en vez de recibir extensos folletos sobre hechos abstractos o sobre la estructura de la empresa.

11. Los sindicatos pueden desempeñar un papel razonable y necesario en la sociedad industrial.

Una buena representación del personal garantiza, por un lado, que se tome nota de las aspiraciones y problemas de éste, y, por otro, que se transmita información a la planta de trabajo y se tomen las medidas necesarias para la solución de los conflictos, siempre que el sindicato no intente politizar a la empresa, pues con ello obstaculizaría la rentabilidad, la eficiencia y la creatividad.

12. El empresario debe estar consciente de su responsabilidad social respecto de los colaboradores.

La aplicación de las políticas laborales debe llevarse a cabo en función de la responsabilidad social que el empresario asume con los colaboradores. Es preferible la remuneración por rendimiento que la nivelación de los ingresos. Las prestaciones sociales deben centrarse más en la edad, en los casos de enfermedad o de necesidad, y no en el "principio de regadera". Los llamados derechos adquiridos deben dejar de ser intocables. La política salarial debe adaptarse a la situación del mercado y a los indicadores económicos y no basarse en las utilidades o los dividendos de la empresa; en una economía competitiva hay que saber aprovechar cada oportunidad para aumentar la rentabilidad, de lo contrario se corre el peligro de perjudicar a largo plazo a toda la planta de trabajo.

CUARTA PARTE

VIII. Imagen y filosofía empresariales

La imagen de una empresa es la base para diseñar las actividades a largo plazo, contratar a los altos ejecutivos y a los demás colaboradores y vincularlos a ésta. No obstante, por lo que corresponde a la creación de imagen, las grandes empresas padecen más de falta de confianza que de información, problema que evidentemente no se resolverá con los métodos de información actuales.

Por lo anterior, es fundamental que la situación efectiva de la empresa y de sus productos coincida con lo que se divulga sobre ella. Si realmente se dice la verdad, en particular si se trata de cosas desagradables, se gana en credibilidad, pues todo el mundo sabe que en una empresa se pueden cometer errores. Cuando esto sucede, de nada sirven los artificios por parte de relaciones públicas ni nuevos y vistosos logotipos y emblemas. En estos casos lo mejor es poner orden en la empresa y tomar la ofensiva planteando las cosas directamente.

En el desarrollo de un concepto para la imagen corporativa debe tomarse en cuenta todo, desde los productos, la actitud, el estilo de la dirección y la política de personal hasta las políticas del *marketing* y la publicidad. Una imagen se va forjando a través de los datos, el tamaño de la empresa, la rentabilidad, la posición en el mercado y, sobre todo, por los propios productos y marcas. Existe, además, un estrecho vínculo entre la imagen y la filosofía de la empresa.

El público tiene una idea de lo que es Siemens, General Electric o Sears, de lo que ofrecen y del tipo de personas que trabaja para ellas. Cuanto más coincidan esas ideas con la realidad, tanto mejor. La imagen se crea por lo que se hace, no por lo que se dice. La imagen y la publicidad dependen una de otra a un grado que no muchos empresarios logran entender. He "reactivado" el logo tradicional de Nestlé que tiene su origen en los escudos de armas de nuestro fundador: Nestlé, que es el diminutivo del *Nest* (nido) alemán; ¿y qué más podía desear una empresa alimentaria con una fuerte presencia en el ámbito de los productos infantiles y dietéticos?

La imagen y la filosofía empresariales son

los dos temas que trataremos en las siguientes reflexiones.

1. La publicidad debe coincidir con la imagen global.

Aun cuando una idea creativa promueva la venta de un producto a corto plazo, si no coincide con la imagen global de la empresa pronto se esfumará sin dejar rastro.

2. Las campañas de relaciones públicas deben adaptarse a la imagen que se quiere proyectar.

Conviene reflexionar sobre lo que se puede hacer en materia de patrocinio *(sponsoring)* para reforzar realmente la imagen de la empresa.

3. Los proveedores deben ser tratados como nos gustaría serlo por nuestros clientes.

Muchos libros se han escrito sobre la manera de tratar a la clientela; no sé en cambio si exista alguno sobre la manera de tratar a los proveedores. Acostumbro aconsejar a los responsables de la publicidad, la distribución y las compras que traten a los proveedores como desearían ellos ser tratados por sus clientes. Me parece que esta idea encierra un enorme potencial para enriquecer la imagen de la empresa y ofrece enormes ventajas cuantificables.

4. Se deben tomar en cuenta las opiniones de los diferentes grupos.

La imagen de una empresa cambia según se trate de la perspectiva de los proveedores, los clientes, los consumidores, los gobiernos, los sindicatos o los propios colaboradores. Sucede con frecuencia que los colaboradores se niegan a aceptar puntos de vista distintos a los suyos; propongo, en cambio, que se haga un balance objetivo de lo que los otros grupos tienen que decir, se entable el diálogo y se eliminen paulatinamente los posibles errores.

5. Los medios de comunicación pueden afectar positiva o negativamente la imagen de una empresa.

La influencia de los medios de comunicación se manifiesta dentro y fuera de la empresa. Si en la prensa se publica un artículo sobre mí, mis colaboradores lo leen con más atención que cualquier circular que les envíe directamente. Esto es lo que alguna vez llamé *management by interview*.

6. Las relaciones públicas deben ejercerse tanto para informar como para recabar abundante información.

Las relaciones públicas sirven para informar a la sociedad sobre las actividades de la empresa y para recabar información sobre la opinión pública, sobre la reacción de determinados grupos sociales frente a las decisiones y acciones de la empresa.

7. Nada mejor que la franqueza en el trato de la empresa con los medios.

Además de las tareas de control y crítica, los

medios de comunicación deben exponer los hechos e informar con objetividad. Por desgracia, a veces les importa más la opinión que se tiene sobre un hecho, que el hecho en sí. Y, por lo que corresponde al periodismo de investigación, se exagera cuando parece que espía a través del "ojo de la cerradura". Frente a esta situación, nada mejor que la franqueza en el trato de la empresa con los medios; por lo menos, considero que ésta es una actitud más adecuada que la de intentar pasar inadvertidos —tarde o temprano todo sale a relucir y la desconfianza puede acentuarse—.

8. La empresa debe vincularse con su propia imagen, no con la imagen de una persona.

Es cierto que la intervención personal de la dirección de la empresa en la comunicación, tanto interna como externa, es cada vez más insoslayable. Sin embargo, esto plantea un problema: por un lado, los directivos son los mejores vehículos de información sobre la empresa; pero, por otro, ellos no son más que una parte de la institución y asumen esa tarea por un periodo determinado. De modo que se debe tener cuidado en vincular la empresa con su propia imagen, no con la de una persona, y lo que debe perdurar es justamente la imagen empresarial, incluso si el director muere de pronto en un accidente. Este problema se resuelve en parte si quien dirige la empresa se halla en tal consonancia con ella que no existen desavenencias de ningún tipo.

9. Los folletos son insuficientes para transmitir la filosofía de la empresa.

Los valores sustantivos de la empresa no deberían darse a conocer entre los colaboradores a través de folletos, sino ser parte de la vivencia cotidiana de la empresa. Así se logra el ansiado vínculo entre la filosofía y la imagen corporativa.

10. Cada sector productivo o comercial debe resolver el asunto de la distinción entre la imagen corporativa y la imagen de las sucursales o los productos.

Aunque no hay respuestas definitivas sobre este asunto, tal vez lo mejor sea abordarlo a partir de una escala que determine el valor de la imagen corporativa y el de las imágenes diferenciadas, así como la relación que deben guardar entre sí.

11. A pesar de que cada país presenta características particulares, la imagen corporativa de la empresa multinacional se puede imponer en todos los lugares.

La empresa multinacional debe aspirar a desempeñar un papel protagónico en todos los países en que tenga intereses, y para ello ha de buscar siempre su integración con respeto a la mentalidad, los hábitos de consumo y las costumbres locales. El reto es hacer valer su imagen corporativa en todos los casos. Lo anterior se puede lograr por medio de la aplicación de una política internacional de marcas, una formación centralizada y una dirección de corte internacional que garanticen la cohesión necesaria. Las conferencias y los viajes son también elementos importantes para conseguir el logro de ese objetivo.

IX. Entre la autoridad y la autonomía

Es NECESARIO evitar confundir la autonomía con un excesivo pluralismo o con la simple restricción de la autoridad. Hoy es más difícil dirigir porque, por fortuna, la autoridad ya no se reconoce automáticamente, porque hay menos consenso social y porque el pluralismo en parte se vuelve polarización. Es imprescindible encontrar nuevas modalidades de dirección que sean aceptadas sin necesidad de imponerlas. Sin duda es posible hallar un nuevo equilibrio en las tirantes relaciones entre la autonomía, la delegación de autoridad, la descentralización, la administración en condiciones de participación y la dirección aceptada. De cualquier forma, no hay que olvidar que la tarea social más importante del empresario es acceder al mercado ofreciendo prestaciones adecuadas que resistan la competencia.

Autoridad y autonomía son conceptos que se enfrentan en varios niveles de la actividad empresarial y que le plantean diversos e interesantes retos. Lo que sigue es una serie de consideraciones a propósito de la relación de ambos conceptos.

La estructura económica actual

1. La estructura económica y la variedad en lo económico deben desarrollarse en función de criterios de competitividad y de rentabilidad empresarial.

De respetarse esta máxima se asegura el quehacer de las grandes empresas, así como el de las pequeñas o regionales.

2. La apertura de los mercados garantiza la diversidad.

En los países altamente desarrollados, la economía tiende a la diversidad, en parte porque ya no hay un solo tipo de consumidor, y en parte porque la informática y la apertura de los mercados han permitido a un mayor número de empresas ejercer sus actividades a nivel internacional.

El Estado y la empresa

1. La desregulación de la actividad empresarial favorece la diversidad.

La mediana empresa no muere porque las grandes minen el terreno, sino porque no llega a asimilar la legislación más reciente y porque no puede darse el lujo de contar con equipos especializados que le permitan cumplir con las obligaciones impuestas por el Estado.

2. Menos legislación a cambio de más incentivos al mercado.

La reglamentación debe darse sólo en casos de necesidad real. Pretender resolver problemas de seguridad social o ecológicos, por ejemplo, sólo con la emisión de más y más reglamentos y disposiciones legales sólo pone en aprietos a las empresas medianas y a los independientes. Las soluciones podrían buscarse, digamos, a través de incentivos al mercado.

Al interior de la empresa

1. Las franquicias pueden mantener diferentes elementos de autonomía que resistan a la competencia.

Las autoridades cartelarias se oponen al fomento de las cooperativas, para así mantener una autonomía parcial dentro de una agrupación. Al respecto, cabe mencionar el caso del sector comercial, en el que se logra mantener la autonomía al permitirse crear modalidades de cooperación voluntaria. Con el sistema de franquicia se pueden mantener elementos de autonomía que resistan a la competencia.

2. Las grandes empresas pueden estimular a las pequeñas si dejan de ocuparse de tareas que no son de su competencia.

Los servicios que no pertenecen a la macroempresa pueden ser contratados por ésta en el mercado: estudios de mercado, publicidad, transporte, comedor, reparaciones, servicios financieros, lavandería, etc. Por un lado, al hacerlo así se propicia la competencia y se abren nuevas oportunidades para empresarios independientes. Por otro, se descarga a la dirección de una gran empresa de responsabilidades que no son de su estricta competencia.

A esta medida la llamo variabilidad de los gastos fijos, y con ella las grandes empresas propician una mayor autonomía fuera de su ámbito de actividades.

3. El personal rinde más en condiciones de autonomía.

La autogestión es limitada, aunque es cierto que puede beneficiar a la empresa en la medida en que el personal rinde más en condiciones de autonomía, pues deriva de ello mayor satisfacción.

Por otra parte, es difícil predecir la influencia que ejercerá sobre la autonomía la administración compartida, la ley de comités de empresa y cosas semejantes. Aunque no soy partidario de éstas, reconozco que el derecho a ser consultado y la participación, junto con las medidas interempresariales que se adopten, pueden ser importantes elementos de movilización y tener un efecto positivo para la empresa.

Condiciones de confianza

1. El exceso de reglamentación debe desaparecer.

Es evidente que para lograr más autonomía se necesita menos reglamentación. Cuando existe una administración muy estricta, lo mejor es barrer con ella y seleccionar mejor al jefe del departamento.

2. Se puede demostrar más confianza de la que se puede dar.

Es mejor que se nos estafe dos veces de cada cien que prescindir de la ventaja que brinda la demostración de mayor confianza. Esto implica propiciar la creación de nuevos sectores independientes ofreciendo autonomía, como pueden ser el trabajo a domicilio, la conexión a una red de datos desde el propio hogar, la labor de vendedores y el de empresas subordinadas.

No se ha querido reconocer que la reducción del horario de trabajo crea enorme potencial para el ejercicio de una actividad independiente; la mayor autonomía y la disposición de tiempo permiten el ejercicio de la "economía subterránea".

3. Se necesita la evolución política de los sindicatos.

La evolución política de los sindicatos llevaría a lograr convenios de trabajo menos rígidos, de mayor compenetración con la empresa y de mejor capacidad de adaptación a las circunstancias. Ante esto, los sindicatos reaccionan con vacilación, lo cual es comprensible, ya que ellos deben analizar las cosas en términos globales.

4. Las personas tienden a equilibrar su instinto gregario y su afán de libertad.

Las personas acuden a trabajar en las grandes empresas porque quieren tener una vida profesional relativamente ordenada que les permita aplicar de manera razonable y responsable lo que han aprendido. En realidad no aspiran a la autonomía, sino a mejorar su particular estilo de vida fuera de las horas de trabajo, durante las vacaciones o los fines de semana. Desean una vida privada más que autonomía, hedonismo más que responsabilidad.

5. La autonomía implica preparación y cambio de mentalidad.

Para fomentar un modelo de autonomía se requiere de educación, formación, cambio de mentalidad y toma de conciencia. El ambiente familiar, la escuela, la economía con sus seminarios y programas de perfeccionamiento deben contribuir para que sea efectiva la autonomía, dentro y fuera de la empresa, para que se puedan aprovechar las ventajas sociales y económicas que ofrece.

X. Ética y economía

PODRÍA decirse que, en función de los resultados que ofrece, la economía de mercado es ética en sí, y que un empresario que hace su trabajo lo mejor posible obra de manera moral y ética en un sentido objetivo. Con lo cual, todo aquello que vulnere al sistema sería errado e inmoral.

Por ello, la principal responsabilidad ético-moral de todo empresario es defender este sistema. Nada más erróneo que dedicarse a la política social antes de haber obtenido un beneficio, independientemente de tal beneficio.

En algunos países existen empresas estatales que ofrecen absoluta seguridad del empleo y una activa política social y salarial cuyas pérdidas deben ser compensadas por el contribuyente. En ese caso, toda pérdida es doble, porque además del déficit, el Estado pierde los ingresos que normalmente tendría que recibir de las empresas lucrativas. No encuentro aquí ni rastro de ética, moral o sentido de responsabilidad para con el ciudadano. Me parece que se aplica al caso aquello de que lo contrario de "bueno" es "bienintencionado".

En alguna ocasión un periodista me preguntó si yo tenía una moral, ésta fue mi respuesta:

> Si vamos a hablar de cosas como principios económicos, mi moral, para empezar, no tiene nada que ver. Lo que a usted debería preocuparle es que este sistema brinde los mejores resultados. Entre empresarios hay de todo, como en el género humano, buenos y malos. Y si el sistema sólo dependiera de que todos fuesen morales, más valdría enterrarlo de una vez por todas. El sistema debe encerrar valores ético-morales, y, por lo demás, yo efectivamente tengo una moral.

La moral del mercado

1. Un sistema económico puede mejorar si el empresario adopta una actitud ético-moral.

Tanto en la política como en la economía y en otros sectores, para ocupar un alto cargo directivo no sólo se debería exigir competencia profesional y capacidad directiva, sino también un alto sentido de responsabilidad ético-moral. Cuando esto no sucede se puede llegar a casos extremos, Hitler y Stalin, en política, por ejemplo, o quiebras de bancos, sobornos y abuso de información reservada, en lo económico.

En este sentido, a los medios de comunicación y a la opinión pública corresponden funciones de supervisión y de crítica. Sólo que se debe estar alerta y no caer en la hipocresía o el mero afán de lucro. El *investigative journalism,* ese periodismo indiscreto que en todo husmea, exagera sus funciones cuando, por decir, en los Estados Unidos se investiga a un candidato a la Presidencia. Quiero recordar aquí eso de que "el que de vosotros se halle sin pecado, tire la primera piedra".

2. El lucro es la fuerza motriz de la economía liberal.

La ética no puede condenar sin más al egoísmo, pues nuestro sistema económico descansa en ese egoísmo. Hace muchos años presenté esta idea a un profesor de sociología y al final me respondió: "Señor Maucher, ahora entiendo, pero no dejo de estar fundamentalmente en contra". Eso es lo trágico de los intelectuales que no pueden o no quieren comprender dicho mecanismo básico.

Es muy difícil señalar los límites del egoísmo sano y el comportamiento inmoral, debido, sobre todo, a que la economía liberal no es algo rígido; sus límites, oportunidades y centros de gravedad deben definirse constantemente y, al hacerlo así, uno debe preguntarse siempre hasta dónde pueden llevarse las exigencias éticas sin derribar el sistema.

3. Si el cumplimiento de la responsabilidad ético-moral no implica gastos, se debería actuar en consecuencia.

De esta manera es posible conciliar el comportamiento ético con los intereses económicos a largo plazo. El conflicto se presenta cuando una determinada actitud moral o ética, o las decisiones correspondientes, ocasiona gastos que no aportan ventajas a la empresa. Un caso típico son las medidas de protección del ambiente.

Como ciudadano puedo fomentar la promulgación de leyes para lograr mejor conservación del medio ambiente; como miembro de una asociación profesional puedo abogar en favor de determinado comportamiento por parte de cierto sector. Pero si como empresario opto por una actitud determinada, a sabiendas de que mis competidores no me seguirán, puedo crearme problemas, poner en peligro la posición competitiva de la empresa y convertir así en inmoral un comportamiento básicamente moral.

Adoptar una actitud de este tipo puede afectar al propietario de una empresa y no es cosa que pueda decidir un director asalariado; siempre es fácil gastar el dinero ajeno. El propietario puede o no estar de acuerdo con esa reducción de los beneficios —que de hecho equivaldría a un impuesto adicional—, y nadie se lo podría reprochar.

Si, en cambio, una actitud ética de la dirección redunda en beneficio y en favor del prestigio de la empresa, conviene adoptarla, independientemente de las medidas legislativas existentes, a través de códigos voluntarios, de una toma de conciencia por parte de la ciudadanía y de un control público de las disposiciones que se adopten. En este punto es importante el papel de los medios de comunicación y los debates académicos para fortalecer tal toma de conciencia; si se logra que ésta se haga general, se restablecerá el equilibrio de la competencia y se aportará algo positivo en beneficio de la colectividad.

4. No se deben olvidar las obligaciones morales con el accionista.

Es fácil olvidar las obligaciones morales para con el accionista, aunque lo que realmente importa es salvaguardar su propiedad, la rentabilidad habida cuenta del riesgo y la información transparente para que el accionista o el propietario esté en la mejores condiciones de tomar decisiones y manejar sus inversiones.

Claro que es difícil formular un comportamiento ético-moral correcto que satisfaga a todo tipo de accionistas. Los hay con intereses a largo plazo y los que aspiran a la utilidad a corto plazo; unos quieren mayores dividendos o mayor acumulación de beneficios, según su estatuto fiscal o su necesidad de dinero.

5. Una actitud social responsable redunda en beneficios a largo plazo para el personal.

Los conflictos con el personal suelen surgir

respecto de exigencias a corto plazo o de medidas de racionalización, despidos o cierre de empresas, todo lo cual, sabemos, es necesario por razones macroeconómicas; así se pudo lograr el incremento del bienestar y la productividad en los últimos 200 años. Pero conviene que esas disposiciones estén acompañadas de otras de carácter social: programas sociales, traslados, cursos de readiestramiento, información oportuna, etcétera.

6. Siempre es mejor procurar la cooperación.

Un día, un importante cliente concluyó: "La explotación del consumidor está prohibida por razones de competencia, la explotación del personal está prohibida por los sindicatos, o sea que no me queda más remedio que explotar a los proveedores". A este cliente más le convendría adoptar una actitud de cooperación decorosa con todos sus asociados, las agencias de publicidad, los bancos, los proveedores y los que lo abastecen de materias primas. A la larga, proceder de esta manera surte mejor efecto.

7. La información debe ser honesta.

La información que se da al interior y al exterior de la empresa debe ser honesta. Aunque, claro, hay que conciliar dos aspectos: nuestras obligaciones para con la opinión pública y nuestro interés por salvaguardar la confidencialidad. Cuando la información no se limita, uno se puede exponer demasiado ante la competencia y provocar caer en una desventaja estratégica.

8. La filosofía de la empresa se debe vivir.

Los principios que se formulan con demasiada precisión dejan de corresponder a la diversidad de los productos, los países y las culturas. Lo importante es que se viva la filosofía de la empresa, que haya ejemplos, que de vez en cuando se diga algo para ir forjando esa filosofía, para que nazcan principios y se sepa lo que no debe hacerse.

9. La credibilidad hacia el ejecutivo debe mantenerse.

Al ejecutivo debe poder interrogársele siempre acerca de lo que dijo la víspera. El propio mercado, la legislación y el consumidor deben ejercer un control sobre el ejecutivo; más allá de eso, no me interesa que se encargue de hacerlo una instancia moral.

Entre la moral y el beneficio

Parece ser que en muchos círculos se plantean dudas sobre si la moral y el beneficio son conceptos compatibles. Me parece sintomático que dichas dudas surjan cuando se ha demostrado el fracaso de la ideología y la práctica socialistas. He aquí algunos comentarios para situar mi punto de vista:

1. La economía liberal puede ser la mejor base para ofrecer protección a los débiles y desfavorecidos.

Para el ciudadano común y para el consumidor, la economía de mercado, junto con las normas competitivas y su componente social, ofrece grandes ventajas, sobre todo porque la libertad y el bienestar ocupan lugares preponderantes en la escala de valores contemporánea. Por su estructura y capacidad, la economía liberal representa una mejor base para crear organizaciones de protección de los débiles y los desfavorecidos.

Aún no se ha encontrado un mecanismo tan eficiente y útil para fomentar el bien común como la economía con fin de lucro.

2. La economía de mercado es el complemento lógico de la democracia.

La economía de mercado es el complemento lógico de la democracia y del principio de subsidiariedad económica, puesto que propicia la repartición óptima del poder a través de dispositivos de control y de descentralización.

3. Una empresa deriva su legitimidad de la oferta de productos.

Gracias a la calidad de sus productos, al surtido y al precio que le permiten mantenerse en el sistema competitivo, una empresa arroja beneficios para el capital invertido y garantiza, así, su propia supervivencia y desarrollo como empresa.

4. No hay contradicción entre la moral y el beneficio.

Dada su utilidad para la humanidad, el sistema de economía abierta es ético en sí. De manera que el empresario que actúe acorde con el sistema observa una conducta ética y moral. Me parece que detrás de la aparente contradicción entre la moral y el beneficio se ocultan dudas más bien emotivas y el anhelo de actualizar viejos prejuicios.

5. La conducta ética y moral mostrada por la dirección de la empresa garantiza la aceptación del sistema.

Además de la adopción de medidas de carácter social que el capitalismo puede financiar merced a su capacidad de crear riqueza, una actitud ética contribuye a suavizar la crítica contra la economía de mercado y a impedir que la población se vuelva hostil al sistema.

6. No me interesa vivir en un país que limite mi libertad o la de mis conciudadanos.

Parte de la libertad, y no la menos importante, consiste en el libre intercambio de bienes y servicios. Donde falte ese elemento de la libre determinación económica no puede haber bienestar ni libertad. Donde por prudencia o necesidad se conceda margen a la libertad económica, la dinámica propia de la economía liberal comenzará a desplazar al poder oficial.

La utopía socialista

1. La economía dirigida o planificada termina por coartar los derechos y las libertades.

El Estado socialista moderno detentaba todos los medios para mantener el poder; su administración no se dejaba limitar por controles o delimitaciones parlamentarias. Los resultados estaban a la vista. En esos países la falta de productividad era evidente; con dificultades se podían cubrir las necesidades básicas de la población; los servicios de salud pública, vivienda y alimentos estaban muy por debajo del nivel de los países industrializados del mundo occidental; lo que el ama de casa de Europa occidental encuentra en cualquier supermercado, en aquellos países formaba parte de la categoría de artículos suntuarios; excepto la producción de armamentos y materias primas, casi no había productos de calidad aceptable para el consumidor occidental.

2. De la sociedad sin clases surgió una nueva clase: la de los administradores del socialismo.

Estas élites socialistas se arrogaban privilegios inusitados para el mundo occidental, bajo el pretexto de construir la sociedad sin clases. En el capitalismo las diferencias de ingresos y nivel de vida son inherentes al sistema y su nivelación o supresión equivaldría a la pérdida de la eficiencia en su conjunto.

Igualdad de oportunidades, no de resultados

1. La igualdad de oportunidades es más importante que la aspiración a hacer desaparecer las diferencias.

La tendencia a rechazar a quien sobresale de la masa es una perversión de la "justicia" social. Nadie puede negar que la "creatividad destructora" del mercado da lugar a casos de injusticia. La liberación —en sí positiva— del individuo de las obligaciones difusas de la sociedad precapitalista fue uno de los requisitos previos para que se abriera paso el capitalismo. Tiene como consecuencia que a algunos les resultó (y les sigue resultando) difícil imponerse en una economía competitiva y quedaron marginados, tanto por circunstancias familiares como locales o institucionales. La integración de esas personas en un marco social aceptable es un deber ético que refuerza la legitimidad del sistema.

QUINTA PARTE

XI. Perspectivas para el nuevo milenio

Visión o perspectiva es uno de esos conceptos que conviene emplear con cautela. Valen si esas palabras invitan a la gente a reflexionar más allá de la realidad cotidiana y a vislumbrar más el futuro que a cavilar en previsiones cuantitativas. En este sentido, la visión es un deber para quien dirige una empresa, e implica entusiasmar, liberar energías y contribuir a que ella misma deje de ser ilusión para convertirse en realidad.

1. La aparición de los grandes mercados únicos y la cooperación internacional obligan a la reorganización de la estructura productiva.

En un contexto de grandes mercados únicos

y de cooperación internacional, se debe reorganizar la estructura productiva. Se debe considerar la economía de escala y la especialización de las plantas, lo cual significa separar el lugar de producción del lugar de venta.

Antes se exportaban productos europeos a los países en desarrollo y luego se edificaban fábricas en éstos, lo que incrementaba la utilidad; por cierto, es una tendencia que perdura y que deberá replantearse en función de la globalización y la liberación de los mercados.

2. En los países industrializados se aprovechan al máximo las oportunidades del mercado derivadas de las transformaciones en los hábitos de compra.

En estos países se da una constante ampliación y renovación de los productos en función de la calidad, la frescura, la comodidad y las demás demandas del consumidor. El resultado es una extrema segmentación que ha dado lugar a nuevos conceptos: hogares unipersonales, alimentación de colectividades, horarios diferentes de los miembros de una familia, actividad profesional de la mujer. Se atienden también las necesidades específicas de determinados sectores sociales, como los ancianos y los deportistas.

3. Los desplazamientos y el crecimiento demográficos representarán oportunidades de negocios.

Las transformaciones que se viven en Europa del este, Rusia y China, y los enormes desplazamientos demográficos que se esperan en 20 o 30 años, abrirán enormes posibilidades de negocios. Países como la India, Nigeria o Brasil se convertirán en nuevos centros de gravedad.

Entre el final del siglo y los años subsecuentes el crecimiento demográfico será decisivo. Las estimaciones más optimistas calculan que hacia el año 2100 la población mundial será del orden de los 8 o 12 mil millones de habitantes.

4. Las superpotencias cooperarán sin duda cada vez más.

La cooperación de las superpotencias dará lugar a un mundo menos tirante, con menos conflictos y más breves, así como con un menor gasto por concepto de armamentos.

5. Los países del Tercer Mundo reconocen ya las ventajas de la inversión extranjera directa.

En parte debido al problema de la deuda, los países del Tercer Mundo vuelven a reconocer las ventajas de la inversión extranjera directa. Esto se aplica incluso a regímenes que antes practicaban una política económica populista, por no decir socialista.

6. Se reconocen las ventajas de una amplia coordinación económica regional.

La Comunidad Económica Europea, la zona

de libre comercio de América del Norte, la cauta agrupación de los países del sudeste asiático y de la Cuenca del Pacífico en torno al liderazgo del Japón, y en América Latina entre Brasil y Argentina, son indicios de que cada vez se reconocen más las ventajas que implica una amplia coordinación económica regional. Las actuales expectativas en materia monetaria demuestran que poco a poco se va aceptando más la concentración económica como un hecho ineluctable.

7. Desaparece el proteccionismo.

El proteccionismo, los sueños de autarquía y las decisiones económicas o monetarias totalmente autónomas tienden a desaparecer. Para la empresa individual esto significa la agudización de la competencia, con sus correspondientes repercusiones sobre la estrategia y la estructura empresariales. Hay que aceptar luchar contra competidores de todas las regiones económicas.

8. Hay libertad para invertir y comprar.

Podemos invertir nuestro capital donde veamos las mejores oportunidades; podemos comprar, producir, vender, obtener capitales y pagar salarios e impuestos ahí donde las condiciones nos parezcan más propicias. A largo plazo, la globalización de la competencia lleva a una nivelación de las ventajas artificiales que pueda ofrecer el lugar donde se establezca la empresa; subsisten, en cambio, las ventajas que crea la disponibilidad de recursos naturales y la calificación humana y profesional de los trabajadores.

9. Hay que tener cuidado con las alianzas.

Para que una empresa sobresalga en el próximo milenio necesitará mucho más que grandes ganancias: una dirección internacional y conocimientos del mercado internacional, una gama de productos que pueda adaptarse a las necesidades y al poder adquisitivo de la clientela, una diversificación del capital y de la presencia bursátil, una experiencia amplia en el campo de la investigación, del *marketing* y de la producción. Cuando esto no se puede cubrir, aunque no sea más que de manera rudimentaria, a menudo se busca la salvación en alianzas. Sin embargo, considero que cada *joint venture,* cada alianza o colaboración trae consigo pérdida de libertad y de rapidez de reacción. El sentido de la oportunidad reviste enorme importancia, de ahí que defienda el máximo margen de maniobra posible.

Por último, en lo sucesivo, las estructuras, la coyuntura, la competencia, los métodos y los sistemas se transformarán aún más rápida y profundamente que en la actualidad y colocarán a las empresas ante decisiones de tipo existencial.

10. Se observa una creciente tendencia al individualismo.

El ciudadano, el colaborador, el cliente y el

inversionista se están desprendiendo de toda una serie de ataduras sociales, políticas y profesionales, debido a que su empeño se orienta más hacia la autorrealización. Lograr el éxito para uno mismo, incluso en detrimento de la propia familia o la sociedad, ya no provoca el rechazo de antes. Al mismo tiempo, y en contraste con la globalización creciente, se produce un repliegue hacia unidades más reducidas, manejables y asequibles de carácter regional.

11. Los consumidores ya no pueden ser clasificados conforme a su ingreso.

Ahora el comportamiento de los consumidores se caracteriza por su espontaneidad, el sentido de la oportunidad y un entusiasmo innovador. Exigen, eso sí, que la empresa a la que le compran cumpla con determinadas exigencias sociales.

12. Se modificará nuestro concepto de estructura temporal.

La jornada de nuestros colaboradores y clientes, así como toda su vida activa, ya no corresponderán a las estructuras actuales. El creciente número de mujeres en los puestos más diversos, el horario semanal flexible debido al alza de los gastos de inversión, el mejor aprovechamiento de la capacidad del aparato productivo y el tiempo de ocio a repartir mejor en el año productivo son algunos elementos que modificarán nuestro concepto de estructura temporal.

APÉNDICE

El caso Nestlé

La estrategia global de Nestlé

1. Los principios esenciales de la estrategia.

Durante las últimas décadas la estrategia de Nestlé se formuló con base en algunos principios esenciales, y aun cuando las estrategias aplicadas variaron de un periodo a otro, siempre existió un marco conceptual. Estos principios fueron: desarrollar el *know how* y aprovecharlo de manera consecuente, obrar a largo plazo y considerar el aspecto humano.

2. La innovación.

La primera fuente del crecimiento interno de la empresa es la creación de nuevos productos y la mejora de los que ya están en el mercado, de ahí la importancia que atribuimos a la investigación y al desarrollo.

La invención del Nescafé en 1938, por ejemplo, abrió un nuevo sector de actividad, y años después el progreso tecnológico, que permitió mejorar notablemente la calidad de los productos, contribuyó en gran medida a darle popularidad y a fomentar su venta; a comienzos de los años 50 se desarrolla el café instantáneo puro (sin la adición de hidratos de carbono), a mediados de la década de 1960 se inventa el café liofilizado y, por último, al final de esa misma década, se da con el proceso de aglomeración, que permite obtener gránulos en lugar de café en polvo.

Es cierto que, por otra parte, las innovaciones también plantean algunos problemas interesantes. En el sector lácteo, y por mucho tiempo, Nestlé se había especializado en la producción de leche condensada azucarada, pero a comienzos de los años 60 comenzó a fabricar a escala mundial la leche en polvo, cuyo sabor es muy parecido al de la leche pasteurizada y que se disuelve fácilmente en líquidos fríos y calientes. El resultado fue que desde principios de los años 70 Nestlé comenzó a vender más leche en polvo y en el periodo de 1974 a 1980 la venta de leche en polvo aumentó en 50%, en tanto que la de la leche condensada retrocedió en 20%.

3. La expansión geográfica.

Otra fuente de crecimiento interno, la expansión geográfica de las actividades, es particularmente importante en el caso Nestlé. Esto se debió a lo reducido del mercado suizo (Suiza cuenta apenas con seis millones y medio de habitantes), lo que nos llevó muy pronto a trascender las fronteras nacionales. Compárese el caso con la mayoría de las grandes empresas estadunidenses de productos alimenticios, que realizan la mayor parte de sus ventas dentro del enorme mercado nacional, compuesto por 250 millones de habitantes.

La estrategia de Nestlé siempre fue lanzar e imponer un producto en un mercado y luego extender su venta, y a menudo también su producción, a otros mercados; cuando es necesario, el producto se adapta a las condiciones y a los gustos de los mercados locales, proceso que se basa en la *cross-fertilization*.

Al principio, por ejemplo, sólo se fabricaba el café soluble en las plantas de Suiza, Francia, Gran Bretaña y los Estados Unidos. En la actualidad se produce en 30 países.

Aunque era un producto destinado sobre todo a los países industrializados consumidores de café, el Nescafé comenzó a adquirir popularidad en países donde tradicionalmente se bebía té, como Gran Bretaña y Japón, y donde el consumidor fue descubriendo el café a través del soluble, más que a través del tostado. La venta de Nescafé también aumentó notablemente en los países productores de materia prima (México, Brasil, Filipinas), donde el café soluble, además del tostado, llegó a conquistar una parte importante del mercado.

4. **La adquisición de otras empresas.**
Los criterios que nos guían en relación con la adquisición de otras empresas son los siguientes:
   a) La adquisición debe contribuir a la penetración de nuevos sectores y a complementar o mejorar las posiciones existentes, sin que cobre demasiado peso o llegue a desplazar a la competencia;
   b) la adquisición debe contribuir al equilibrio geográfico y sectorial de las actividades del grupo, ya que complementa el surtido y los mercados, y
   c) a diferencia de lo que sucede en los conglomerados, no se debe considerar la adquisición como inversión financiera.

Nestlé compra una compañía porque las actividades de ésta redundan en el interés del grupo y porque se dan en un sector que no es ajeno a su propio ámbito de experiencia. Es cierto que a veces Nestlé pisa terrenos nuevos, como el de los cosméticos o los productos oftalmológicos; pero en esos casos se tiene cuidado en seleccionar sectores que sirvan de nexo con algunas actividades que nos son propias, como el *marketing* o la investigación. De ahí que la diversificación quede restringida a un número muy limitado de sectores.

Finalmente, cuando el grupo decide ampliar sus actividades en el sector de los productos alimenticios, lo hace más a través de una integración horizontal que vertical. Prueba de ello es que no participa en el sector agropecuario ni en el del comercio de productos alimenticios. La única excepción se dio cuando el grupo entró en el sector de los restaurantes, experiencia que duró muy poco, debido a que no se quiso crear un conflicto de intereses.

5. Los orígenes de la estrategia.

Cuando el farmacéutico alemán Heinrich Nestlé comenzó en 1866 a vender harina lacteada en Vevey, no habría podido imaginar que 125 años después su compañía se iba a convertir en la principal empresa de la industria alimentaria. Hoy, con más de 210 000 empleados, más de 490 fábricas y más de 57 mil millones de francos suizos como inversión, Nestlé es de los consorcios más grandes del mundo.

Todo comenzó en 1843, cuando Heinrich Nestlé abandonó su ciudad natal de Frankfurt para trasladarse a Vevey, Suiza, donde se estableció como droguista y se ganaba la vida vendiendo semillas, así como mostaza y lámparas de petróleo.

En 1857, Nestlé se asoció con otros comerciantes de Vevey y fundó una pequeña empresa que fabricaba gas líquido y abono químico. Poco después Nestlé adoptó los principios del movimiento benéfico social suizo, entonces de moda.

La elevada mortalidad infantil de la época llevó a Nestlé a reforzar su investigación para encontrar un sucedáneo de la leche materna: la llamada "harina lacteada". La fabricaba con leche, cereales malteados y azúcar a través de un proceso especial de deshidratación. Lo novedoso del método era que en gran parte se lograban conservar las propiedades nutritivas de los ingredientes. Los primeros éxitos no se hicieron esperar. Sin embargo, la producción a gran escala fue bloqueada por el escepticismo de los médicos y los comerciantes. Con todo, conforme aumentó la demanda, los críticos cedieron y la producción se acrecentó.

Cuando en 1874 Heinrich Nestlé, a los 61 años de edad, vendió la empresa, ésta se hallaba en pleno auge y sus productos gozaban de gran demanda. Como no tuvo hijos, se vio obligado a encontrar un digno sucesor: la sociedad anónima Farine Lactée Henri Nestlé, de reciente creación.

Los primeros años, después de que la sociedad anónima asumiera la dirección de la empresa, se caracterizaron por la reorganización interna y la investigación con miras a mejorar la calidad y la explotación de nuevos grupos de productos.

Un acontecimiento importante se dio cuando se consumó la fusión con la Anglo-Swiss Condensed Milk Co., fundada en 1866 en Cham, cantón de Zug, por los hermanos estadunidenses Charles y George Page, y que por muchos años había representado una dura competencia para Nestlé.

En 1929 se incorporaron al grupo los fabricantes de chocolate Peter, Cailler y Kohler, con lo que se abrieron las puertas de ese sector, y, al elaborarse el primer café soluble digno de ese nombre, que en 1938 —como ya lo he referido— se lanzó bajo la marca Nescafé, Nestlé amplió sus intereses con un producto que adquiriría fama mundial.

Por supuesto que los acontecimientos de la época dejaron su huella, sobre todo la crisis económica y las dos guerras mundiales, que pusieron a prueba la capacidad de la empresa, sin lograr descarrilarla, y que cuando mucho frenaron temporalmente el crecimiento del consorcio.

En los años que siguieron a la segunda Guerra Mundial, el desarrollo de Nestlé puede dividirse en tres etapas:

a) Hasta mediados de los años 70 se dio un rápido crecimiento interno gracias a algunas adquisiciones importantes como las de Maggi, Findus, Ursina y Stouffer;

b) a partir de la segunda mitad de los años 70 se llevó a cabo un profundo análisis de las nuevas circunstancias producidas a raíz de la crisis petrolera y de otros factores económicos de alcance internacional, y

c) a partir de 1981, la revitalización, la racionalización y la consolidación de los recursos provocaron nuevo auge, que se manifestó en mayor crecimiento interno y una política de adquisiciones más agresiva.

Para 1946 el grupo ya ejercía una intensa actividad internacional y disponía de 107 plantas en los cinco continentes; trabajaba activamente en cuatro sectores de la industria alimentaría, tres de los cuales guardaban una relación más o menos directa con la leche (productos lácteos, en particular la leche condensada azucarada; alimentos para niños, leche en polvo y productos dietéticos; y chocolate, sector al que se había accedido a través del chocolate con leche), y un cuarto ámbito de actividades que nada tenía que ver con la leche: el café instantáneo, el Nescafé, que se había lanzado al mercado en 1938.

En 1947 el grupo se abrió a un nuevo sector, el de los productos culinarios, a través de la fusión con Alimentana, compañía suiza que fabricaba y vendía sopas, cubos de caldos y condimentos bajo la marca Maggi. Este sector no era del todo ajeno a las actividades de Nestlé, dado que muchos productos de Maggi se someten a la misma técnica de deshidratación empleada por Nestlé.

En esa década el grupo casi no adquirió nuevas empresas, aunque su volumen de negocios mantuvo un crecimiento regular que, en francos reales, aumentó al doble. Su expansión fue amplia y continua en todos los continentes, aunque el índice de crecimiento por grupos de productos fue variado —el índice más acelerado se registró en las dos categorías más recientes: productos culinarios y bebidas instantáneas (entre 1950 y 1959 la venta de café soluble casi se triplicó)—. Por supuesto, esta expansión puramente interna provocó cambios importantes en la orientación de las actividades del grupo.

En la década de 1950 vuelve a aumentar al doble el volumen de negocios en francos rea-

APÉNDICE: EL CASO NESTLÉ

les, a lo que contribuyó el crecimiento externo. La ampliación de las actividades del grupo se dio en torno a tres ejes:

a) Diversificación dentro de la propia industria alimentaria; en lugar de limitarse a satisfacer algunas pocas necesidades alimenticias, Nestlé aspiraba a ofrecer una amplia gama de productos;

b) nuevos procedimientos con objeto de ofrecer algo más que productos deshidratados, y

c) penetrar en aquellos sectores del mercado que presentaban mayores perspectivas de desarrollo.

Entre 1960 y 1974 se llevaron a cabo numerosas absorciones que ampliaron los intereses del grupo a siete sectores productivos:

a) Productos en conserva.

—1960. Absorción de la compañía británica Crosse & Blackwell (sopas y frijoles fritos en lata).

—1963. Participación en la Libby, McNeil & Libby, de los Estados Unidos (conservas de fruta, verdura y carne); las circunstancias nos obligaron a aumentar paulatinamente nuestra participación en esta empresa hasta que, en 1976, se alcanzó el 100%.

b) Helados.

—1960. Nestlé crea con socios franceses la compañía France-Glaces y adquiere participaciones en Jopa, de Alemania.

—1963. Participación en Delasa, de

España. Más tarde se absorbieron Jopa y Delasa.
c) Productos congelados.
—1962. Participación del 80% en Findus International (el 100% se alcanzó en 1969), empresa de origen sueco cuya actividad cubría en aquella época los países escandinavos e Inglaterra.
—1973. Adquisición de Stouffer, de los Estados Unidos.
d) Productos refrigerados.
—1968. Adquisición de una participación minoritaria en Chambourcy (yogurt y postres), de Francia, con el propósito de ir extendiendo su actividad a muchos otros países.
e) Agua mineral.
—1968. Participación minoritaria en Vittel, de Francia.
—1969. Adquisición de Deer Park, de los Estados Unidos.
—1970. Adquisición de Allan Beverages, de Canadá.
—1974. Adquisición de Blaue Quellen, de Alemania.
—1992. Absorción de la prestigiosa marca Perrier.
f) Restaurantes.
—1970. Creación de la organización Eurest, en Europa, como empresa colectiva con la Compagnie Internationale des Wagons Lits et du Tourisme.
—1971. Participación mayoritaria en la ca-

dena de restaurantes Cahills, de Australia. Los motivos por los que Nestlé incursiona en este sector son los cambios en las costumbres en el consumo de alimentos —dado que cada vez más se come fuera de casa— y el deseo de la empresa de adquirir experiencia directa con los alimentos para el consumo masivo.

g) Vinos de California.
—1971. Adquisición de los viñedos y de la marca Beringer.

6. Las fuerzas del crecimiento.

En 1971 continuó la expansión de las actividades del grupo mediante la fusión con la sociedad suiza Ursina-Franck, que tenía una importante presencia en muchos países a través de productos lácteos, alimentos para niños y productos culinarios. Nestlé partió del supuesto de que la asociación de ambos grupos produciría un efecto sinérgico fundamental para la producción, distribución, venta y, sobre todo, exportación, debido a la fuerte competencia. La experiencia ulterior confirmó lo acertado de esa evaluación.

Por lo que toca a la diversificación fuera del sector alimentario, se optó por el grupo francés L'Oréal, de las principales empresas de productos capilares y de cosméticos en el mundo. El capital mayoritario de L'Oréal lo detenta la Gesparal Holding, de origen francés, de la que en 1974 Nestlé adquirió el 49%. El 51% restante está en manos de la señora Bettencourt, hija del fundador de L'Oréal.

De esta manera Nestlé abrió el camino para un crecimiento a largo plazo. Claro que es grande la diferencia entre los productos capilares y de belleza y la industria de productos alimenticios, pero ya que ambos casos se relacionan con el cuerpo humano, el planteamiento es semejante en lo que atañe al *marketing*. En resumidas cuentas: L'Oréal resultaba ser un socio muy interesante.

A pesar de que entre 1960 y 1974 el grupo se amplió, sobre todo en lo externo, no había por qué perder de vista el aspecto interno: el volumen de ventas de café soluble rápidamente creció durante el mismo periodo.

La expansión se frenó poco después. El aumento real del volumen de negocios entre 1975 y 1980 ascendió al 20%. La situación económica mundial empeoró rotunda y profundamente en el transcurso de los años 70 y la primera crisis petrolera puso término a un prolongado periodo de crecimiento acelerado y regular. Comenzaron los años de crisis: en los países de la OCDE la tasa de desocupados ascendió del 3.5%, en 1974, al 5.1% en 1975, y llegó al 5.7% en 1980; los precios se dispararon; las tasas de inflación llegaron a ser de dos cifras en los países industrializados; en algunos países en desarrollo se desató la inflación galopante, como en Brasil, donde la tasa de la inflación del 15%, entre 1972 y 1973, llegó al 80% en 1980.

Cuando se abandonó la convertibilidad del dólar se produjo una desestabilización de los tipos de cambio y todas las monedas se devaluaron en relación con el franco suizo; entre finales de 1974 y finales de 1980 la libra esterlina, el franco francés y el dólar perdieron el 32% de su valor respecto al franco suizo, mientras que el marco alemán descendió el 15% y el cruzeiro el 92% y pasó de 0.35 francos a menos de 0.03 francos.

Por último, se produjo la explosión de precios de las materias primas más importantes para Nestlé. Entre 1975 y 1977 se cuadruplicó el precio del café como consecuencia de las heladas que destruyeron las plantaciones brasileñas en 1975. Debido a la gradual acentuación del desequilibrio entre la oferta y la demanda, en el mismo periodo se triplicó el precio del cacao.

Durante la segunda mitad de los años 70 se recobró el crecimiento interno del grupo, sobre todo en los países en desarrollo. La demanda de productos Nestlé se activó debido a una sustancial mejora en el poder adquisitivo de algunos países del Tercer Mundo, lo mismo productores de petróleo que países que se desarrollaron rápidamente gracias a préstamos masivos del exterior. El grupo hizo enormes esfuerzos por impulsar sus actividades en dichos países.

Durante ese periodo, el desarrollo externo pasó a segundo plano, ya que la situación económica general no resultaba propicia para las adquisiciones, además de que el aumento en los precios de las materias primas inmovilizó en gran parte los recursos financieros del grupo en el capital circulante, con lo que se limitó su margen de maniobra.

Durante la segunda mitad de los años 70 la política del grupo condujo a la adquisición de los laboratorios estadunidenses Alcon, compañía especializada en fármacos e instrumentos oftalmológicos. Esta operación se consumó en 1977 como parte de la reorganización geográfica, que quería evitar que los índices de crecimiento favorecieran exageradamente a los países del Tercer Mundo en cuanto al volumen total de negocios del grupo: era necesario crear contrapesos. De modo que Nestlé comenzó a adquirir empresas en rápida expansión en países industrializados; en 1973 ya se había adquirido la compañía de productos congelados Stouffer y en 1974 se había concretado la participación en L'Oréal, de manera que la compra de Alcon no fue más que otro paso para restablecer el equilibrio.

El hecho de que L'Oréal extendiera sus intereses al sector farmacológico (con Synthélabo) contribuyó indirectamente a que Nestlé se familiarizara con ese ramo. Se eligió entonces Alcon, líder en el sector, con excelentes utilidades y una rápida expansión. Más tarde Nestlé pudo ayudar a Alcon financiando otras adquisiciones en el mismo ramo, lo que a su vez auxilió a Alcon a redondear sus actividades y a continuar su expansión fuera de los Estados Unidos, especialmente en Europa. Así, en los años subsecuentes el grupo continuó absorbiendo numerosas empresas de productos oftalmológicos, entre las que se encontraba Burton Parsons, dedicada a soluciones para el tratamiento de lentes de contacto.

Este periodo fue difícil para Nestlé. En los países industrializados no sólo hubo que enfrentar una situación de estancamiento del consumo (debido al escaso crecimiento demográfico y a la menor importancia atribuida a los alimentos en el presupuesto familiar), sino que la situación económica había empeorado y la competencia se hacía cada vez más dura. Ello redujo las utilidades de Nestlé en varios países, mientras que en los países en desarrollo resultaba arriesgado un crecimiento acelerado, debido al precario entorno económico. En nuestra filial en Argentina, por ejemplo, se produjeron pérdidas repentinas, que a su vez provocaron un retroceso en el beneficio neto consolidado, que en 1980 cayó de un promedio de 3.7% en los dos años anteriores al 2.8% del volumen de negocios.

A partir de 1982 se concretó una estrategia de consolidación de los recursos del grupo en dos etapas: mejora de la situación financiera y del rendimiento, en el plano interno, y adquisiciones, en el externo. La situación se restableció con una serie de medidas de saneamiento:

a) El grupo quería deshacerse de productos con poco valor agregado y que se asemejaban demasiado a productos genéricos (en 1982, por ejemplo, se vendieron las conservas de frutas y verduras Libby);

b) se eliminaron las fuentes de pérdidas constantes que no ofrecían perspectivas de mejora, como la fábrica de quesos Claudel-Roustang, de Francia, que en 1982 se integró a Besnier y que en 1985 se cedió en su totalidad a ese socio;

c) el grupo se deshizo de operaciones que obstaculizaban su expansión. A partir de 1981 se comenzaron a vender las participaciones de Nestlé en restaurantes y cada vez más se optó por desarrollar la venta de productos especiales para el consumo masivo, sobre todo en restaurantes. Hubiera sido poco lógico seguir asumiendo el riesgo de un potencial conflicto de intereses, como el estar en competencia con las cadenas de restaurantes, cuando se quería que éstos pasaran a ser clientes de los productos para el consumo masivo. Además, se analizó la gama de productos en varios países para centrar la atención en los de mayor demanda y prescindir de aquellos que casi habían dejado de tenerla;

d) se mejoró el rendimiento gracias a un mayor rigor en la estructura y en los métodos de organización. En efecto, era necesario mejorar la productividad, ya que en los mercados competitivos no basta con ofrecer productos de calidad, ya que se requiere también venderlos a precios adecuados. Esto exige vigilar constantemente los costos y mantenerlos en el nivel más bajo posible. Entre 1980 y 1984, pese al aumento en el monto de ventas, Nestlé redujo su planta de personal en un 10%, lo que permitió contener los gastos generales y los de producción. Al mismo tiempo, la administración se hizo más flexible y menos dogmática; se analizaron y simplificaron los procedimientos, para dedicar mayor atención a los aspectos primordiales de la toma de decisiones y de control, y

e) se restableció una sana situación financiera para recuperar la libertad de maniobra del grupo. La empresa centró su atención en el capital de trabajo, que había aumentado constantemente y absorbía demasiado capital. Se adoptaron medidas draconianas que permitieron reducir sustancialmente las existencias y los cobros pendientes. Entre 1981 y 1983 los gastos de inversión fueron modestos y el grupo destinó pequeños importes a las adquisiciones. Un *cash flow* creciente y una administración financiera más flexible y eficiente contribuyeron a mejorar la liquidez.

El éxito de estas medidas se manifestó tanto en las cifras de la rentabilidad como en la posición financiera:

a) El beneficio neto aumentó de 683 millones de francos (2.8% del volumen de negocios) en 1980 a 1 487 millones de francos (4.8% del volumen de negocios) en 1984;

b) la liquidez del grupo aumentó al doble, y a finales de 1984 se situó en seis mil millones de francos, en comparación con los tres mil millones de francos de finales de 1980;

c) la deuda bancaria se redujo a tres mil millones de francos a finales de 1984, cuando a finales de 1980 todavía era de cuatro mil millones de francos, y

d) el saldo acreedor era de tres mil millones de francos en 1984, en comparación con el saldo deudor de mil millones de francos a finales de 1980.

7. Consolidación de la posición competitiva.

Estos resultados se obtuvieron sin arriesgar en lo más mínimo el potencial de desarrollo a mediano y largo plazo del grupo. Por el contrario, en la época en que se aplicaron esas medidas, Nestlé no claudicó en sus intentos por consolidar su posición competitiva. Se atendió en particular el *marketing* y la investigación, el desarrollo de determinados productos y algunos aspectos de la organización del grupo:

a) A partir de 1982 aumentó considerablemente el presupuesto para actividades de *marketing*. No es que se tratara de obligar la venta, lo que a veces puede tener un efecto transitorio, sino que sobre todo se fomentó la publicidad tradicional, que tiene por objeto forjar la imagen de calidad del producto y garantizar en lo posible la preferencia duradera del consumidor;

b) también a partir de 1982 aumentaron los recursos destinados a la investigación y al desarrollo para mejorar el surtido y ampliar la oferta de nuevos productos en el futuro. Se crearon los cimientos del importante Centro de Investigación de Nestlé, en Vers-chez-les-Blanc, cerca de Lausana;

c) se trazaron nuevas tendencias en la política de productos. Antaño Nestlé sólo había manifestado interés por el café soluble, por ser un producto que tenía éxito y se vendía bien, y no se sentía atraído por el café tostado, por arrojar éste poca utilidad. Pero desde hace poco se perfilan nuevas tendencias, según las cuales, y debido al éxito que tienen las máquinas de café para el hogar, algunos consumidores se están apartando del café soluble para volver al café tostado. Así, Nestlé optó por este ramo, aunque limitándose a algunas áreas especiales. La experiencia de la empresa en materia de compra (selección de las variedades), de torrefacción y de *marketing* representa en este sentido un capital importante. Por supuesto que mejorará la competitividad de Nestlé respecto de los demás protagonistas del mercado, que ofrecen todo un surtido de productos a base de café tanto soluble como tostado. En algunos países, como Gran Bretaña y Japón, Nestlé ya comenzó a comercializar café tostado bajo su propia marca, mientras que en otros países prefirió comprar compañías de torrefacción ya existentes. Por lo que toca al chocolate, el grupo decidió adoptar una política más activa. Se tomaron medidas para desarrollar el sector de productos para "grandes consumidores" y las organizaciones de proveedores de comidas preparadas, y

d) se adaptaron las estructuras y los procedimientos para mejorar la introducción y la aplicación de las estrategias de desarrollo. En la central se fortalecieron algunas secciones (la de análisis de posibles adquisiciones, por ejemplo), mientras que en otras se fijaron nuevos centros de gravedad (como en las encargadas de los productos). Estas secciones centrarán su atención en proyectos futuros, más que en el manejo de los asuntos corrientes, de lo que más bien se ocupan las compañías operativas en los distintos mercados. Además, se modificaron sustancialmente los procedimientos de planeación a largo plazo, a efectos de limitar las obligaciones formales, fomentar el clima de innovación entre los responsables de los mercados, suscitar debates para estudiar con mayor atención las posibles alternativas.

En 1983, luego de haber mejorado el rendimiento y la situación financiera, Nestlé pudo poner término al compás de espera que duraba desde 1980 y volver a contemplar posibles adquisiciones. Al respecto se fijaron varios objetivos:

a) Se llevarían a cabo absorciones para mejorar la posición del grupo en determinados países o sectores y afianzar la competitividad;

b) las adquisiciones debían servir para consolidar la presencia de Nestlé en los Estados Unidos, el mercado más grande del mundo y que cuenta con enorme potencial de desarrollo. En 1983, los Estados Unidos apenas representaban el 19% del importe total de negocios de Nestlé; con un volumen de inversiones de 2.5 mil millones de dólares, el grupo no estaba en condiciones de entrar en real competencia con los demás;

c) la política de adquisiciones podía dirigirse hacia empresas pequeñas o medianas que tuvieran capacidad de innovación y un *know how* del que no dispusiera Nestlé. Con el apoyo financiero del grupo y su implantación a nivel mundial se podía contribuir al desarrollo de las actividades internacionales de dichas empresas. También se podían hacer adquisiciones de compañías de productos alimenticios con buenas marcas y perspectivas de distribución en otros mercados, y

d) había que fortalecer los dos sectores no alimentarios del grupo: cosméticos y productos oftalmológicos.

8. La expansión en los Estados Unidos.

Una circunstancia apropiada permitió ampliar los intereses del grupo en el sector de productos cosméticos. En 1984, Nestlé compró la Warner Cosmetics, de los Estados Unidos, que fusiona con Cosmair Inc., la sucursal de L'Oréal en ese país. En la actualidad Cosmair es de las principales empresas en el mercado estadunidense de cosméticos, productos dermatológicos y perfumes. Para garantizar la máxima eficiencia en este sector específico, Nestlé encomendó por contrato a L'Oréal el manejo de las operaciones de Cosmair.

También en 1984, por lo que toca al sector de productos e instrumentos oftalmológicos, Nestlé lanzó una oferta de compra de CooperVision, de los Estados Unidos, para ampliar la actividad de Alcon. Nestlé tuvo que prescindir de esta adquisición debido a que las condiciones que imponía la autoridad cartelaria estadunidense, la Federal Trade Commission, eran de tal naturaleza que casi anulaban las ventajas de dicha operación.

La operación más importante fue la compra de Carnation. Esta compañía tiene inversiones de capital por 3.5 mil millones de dólares, con el 75% en los Estados Unidos. Vende fundamentalmente productos lácteos, bebidas instantáneas, productos culinarios y alimentos para animales. En septiembre de 1984 se formuló una oferta pública de adquisición de acciones por un valor de tres mil millones de dólares y la compra oficial se ultimó en enero de

1985. El propósito principal de la operación era consolidar la presencia de Nestlé en los Estados Unidos.

9. Perspectivas a largo plazo.

La meta esencial del grupo Nestlé es conservar la capacidad para comercializar sus productos y derivar de ello una utilidad satisfactoria a mediano y largo plazo. No se puede tratar de aumentar al máximo el rendimiento a corto plazo en detrimento del potencial a largo plazo. Éste es de los principios fundamentales de Nestlé, para cuya aplicación es una ventaja que sea una empresa suiza.

Por el contrario, las empresas estadunidenses, por ejemplo, tienen la obligación de presentar balances trimestrales. Los analistas financieros y los inversionistas de Wall Street estiman que reviste importancia fundamental cualquier diferencia de un par de centavos de dólar en la utilidad que devenga una acción entre un periodo trimestral y otro. Por eso muchas empresas caen en la tentación de buscar la manera de presentar un balance favorable, cualquiera que sea la situación real de la empresa. Por ejemplo, reducen repentinamente y de forma severa sus gastos de publicidad, o incluso llegan a vender sus negocios más rentables sólo para aumentar el beneficio en los libros contables. Estos paliativos a menudo merman el potencial de la empresa a largo plazo.

A juicio de Nestlé es importante mantener el equilibrio en la repartición de actividades y aún más en la distribución de los riesgos. A corto plazo puede ser tentador dejar que se formen desequilibrios e incluso fomentarlos. Se podría propiciar una concentración de gran parte de los recursos de la empresa en el producto o en el país que ofrezca la mayor rentabilidad en un momento dado; sin embargo, a largo plazo ello llevaría a someter a todo el grupo a un enorme riesgo.

Nestlé cuidó que la empresa no dependiera en grado excesivo del café soluble. Con el paso del tiempo, el café contribuyó con un porcentaje cada vez menor en las actividades globales del grupo. No es que se tratara de un retroceso de la aportación absoluta del café, sino más bien de una evolución más acentuada de los beneficios que generan otras categorías de productos.

Uno de nuestros objetivos a largo plazo es crear un equilibrio geográfico, no tanto en relación con países a nivel individual, sino en relación con regiones, como Europa, América del Norte y África/Asia/Oceanía/América Latina, o entre países industrializados y países en desarrollo.

El grupo Nestlé comenzó su expansión hace más de un siglo en Europa, donde se halla totalmente arraigado. Sin embargo, en algunos países europeos la expansión se ha frenado y la competencia a menudo es despiadada. Los Estados Unidos, por el contrario, representan un vasto mercado único que sigue ofreciendo excelentes perspectivas en algunos sectores.

Claro que se trata de un mercado complejo y los éxitos o fracasos que depara están en relación con su magnitud. En los demás continentes pocos son los países desarrollados. En su momento, los países del Tercer Mundo representaron mercados en expansión. Hoy, como consecuencia de la crisis de la deuda, algunos quedaron condenados a una rigurosa política de austeridad. Junto a los riesgos estructurales de estos países (como el de la nacionalización total o parcial) están surgiendo otros o se acentúan los ya existentes. Se dan en ellos incertidumbres que surgen de las dificultades económicas: restricciones a la importación, obstáculos a la transferencia de capitales, devaluaciones masivas, precios congelados o estrictamente controlados en situación de inflación creciente. Por fortuna, cada vez se impone con más fuerza el mercado libre.

De la situación financiera dependerá en gran medida la capacidad de acción del grupo. Siempre hay que disponer de liquidez; el capital no puede quedar inmovilizado donde no resulte indispensable. Esto significa que hay que ejercer un estricto control sobre las reservas y los cobros pendientes, así como lograr la máxima centralización posible de la liquidez para que efectivamente se pueda disponer de los recursos financieros y no se hallen desperdigados por doquiera.

Una situación financiera sana ofrece el margen necesario de maniobra, lo que a su vez permite financiar las adquisiciones sobre una base igualmente sana, integrar las empresas adquiridas y velar por su expansión futura. Al final de la década pasada, algunas empresas estadunidenses compraron grandes compañías sin disponer de los medios necesarios para hacerlo, lo cual las obligó a deshacerse rápidamente de una parte sustancial de sus actividades para aminorar una deuda excesiva. La dirección de una empresa en tal situación tenía que poner todo su empeño en esas operaciones de reventa, por lo que le faltaba tiempo y energía para integrar y manejar como correspondía las compañías absorbidas.

Una situación financiera sana no implica adoptar una actitud archiconservadora, y es más un instrumento que un fin en sí. La liquidez de que disponía nuestro grupo le permitió, por ejemplo, absorber una empresa de la talla de Carnation, a pesar de que con ello asumía un aumento pasajero de su deuda con objeto de cubrir una parte del precio de compra.

En la estrategia de una empresa como Nestlé el factor humano es esencial. Para satisfacer al consumidor, es fundamental dar prioridad al ser humano y al producto, no a los sistemas. Esto obliga a capacitar al personal gerencial joven que más tarde ocupará posiciones clave dentro del grupo. En Nestlé se procura cubrir los cargos directivos a través de promociones internas, en lugar de contrataciones externas. Este procedimiento facilita el seguimiento de una doctrina común y permite elegir con cierta anticipación a la persona idónea.

En materia de adquisiciones, el factor humano también asume un papel preponderante. La integración tiene más probabilidades de éxito cuando las filosofías y las acciones de las empresas, lo que se llama cultura empresarial, están en consonancia. El éxito también depende de la acogida de los ejecutivos de la empresa adquirida. Por este motivo, Nestlé sólo ha recurrido en casos excepcionales de hostilidad a ofertas públicas de adquisición, es decir, aquellas que se efectúan en contra de la voluntad de la empresa en juego. Por ejemplo, Rowntree y Perrier eran empresas que estaban en venta. Realizada ya la absorción, como en el caso de Perrier en 1992, como política se decidió colaborar con el personal ejecutivo, ofrecer igualdad de oportunidades a los colaboradores, prescindir de los métodos rigurosos de Nestlé y mantener una actitud de reserva en las unidades del centro.

10. Continuidad y flexibilidad.

Expuestos ya los principios básicos en los que se basa la estrategia de expansión de Nestlé, cabe definir la estrategia en sí:

a) Una verdadera estrategia jamás debe ser un programa dogmático, una camisa de fuerza que obligue a la empresa a reaccionar y a decidir sobre la base de un patrón predeterminado, ni puede ser un sencillo catálogo de normas armoniosas que pueden llegar a convertirse en lemas para engañar a la opinión pública;

b) las estrategias y su aplicación a menudo dependen de lo que podría llamarse el peso de la historia. Una empresa de más de un siglo de existencia no puede hacer caso omiso de su pasado ni pretender dar un nuevo comienzo a todo. Ha echado raíces profundas;

c) la estrategia debe dar cabida a la adaptación, a transformar lo que no esté bien, a penetrar en sectores nuevos, a poner término a algunas actividades en curso. Por ejemplo, a pesar de que Nestlé propugna por la expansión por cuenta y riesgo propios, en algunos años accedió a llevar a cabo algunas *joint ventures,* como con Coca-Cola, en bebidas instantáneas a base de té o de café, con Baxter, en alimentos para clínicas, y con General Mills, en cereales para desayuno;

d) de vez en cuando las estrategias abren posibilidades. Sería ilusorio pensar que los planes se pueden seguir ciegamente y en forma automática, sin tomar en cuenta los imponderables. Cuando se presenta una oportunidad, a veces casualmente, los principios estratégicos pueden ayudar a decidir aprovecharla o no. En el caso de la compra de Buitoni, famoso fabricante italiano de pastas, se sumó a la oportunidad el hecho de que la cocina italiana constituye una tendencia de la actualidad que consiste en sustituir las proteínas animales por proteínas vegetales;

APÉNDICE: EL CASO NESTLÉ

e) las estrategias conllevan flexibilidad. La organización descentralizada de Nestlé garantiza la capacidad de adaptación necesaria para el manejo de sus negocios. Puede ser que en el pasado haya cometido errores, pero de lo que se trata es de corregirlos de una u otra forma, y

f) la estrategia es el arte de orientar. Nestlé aspira a consolidar su crecimiento interno, lo cual implica seguir muy de cerca el cambio de las necesidades del consumidor y desarrollar nuevas tecnologías para mejor atenderlas. Los criterios decisivos son la alimentación sana, la calidad, la comodidad, los productos frescos y el mantenimiento de la relación calidad/precio.

Las perspectivas de expansión en los países industrializados no eliminan las posibilidades en el Tercer Mundo. Por el contrario, Nestlé se propone extender la producción y la venta de productos alimenticios destinados tradicionalmente a los países industrializados al mayor número posible de países en desarrollo. Cada vez se elaboran más productos adaptados a los gustos locales, con materias primas locales y a un precio asequible para la mayoría de la población. Los centros de investigación de Nestlé, uno en América Latina (en Ecuador) y otro en Asia (en Singapur), se están abocando intensamente a esa tarea.

Como ya he señalado, en los últimos 40 años el monto real de las inversiones de Nestlé aumentó 16 veces y en la actualidad supera los 50 mil millones de francos. La pregunta es si no se corre el riesgo de caer en el gigantismo. Esto supondría un peligro si se dieran tres circunstancias particulares:

a) Que el grupo ya no se pudiera manejar, lo que no es el caso, gracias a la descentralización;

b) que el grupo dejara de estar en relación con su entorno, que terminara por incomodar; sólo que las ventas, las actividades y las fábricas de Nestlé están repartidas por todo el mundo, y

c) que el tamaño de Nestlé lo llevara a ocupar una posición monopólica, lo que no sucede, ya que el grupo se enfrenta a una ruda competencia, incluso feroz, y así es como tiene que ser, porque la competencia aúna los intereses de los consumidores y las empresas para convertirse en fuente de progreso.

El futuro

1. La alimentación en el año 2100.

El sector alimentario alcanza hoy un volumen de ventas de un billón de dólares, más que la informática, el petróleo o la industria del automóvil. Este sistema increíblemente complejo y amplio permite alimentar, más mal que bien, a más de cinco mil millones de personas.

Es probable que entre hoy y el año 2100 se duplique la población mundial y ciertamente no se alimentará a 10 mil millones de personas como se alimenta en la actualidad el mundo occidental. En lugar de proteínas e hidratos de carbono de origen animal, habrá que conformarse con sustancias de origen vegetal, aunque no sea más que por el costo. Ya se dispone en parte de la tecnología necesaria o ya se está desarrollando. Esa alimentación será de igual sabor, igual de variada y seguramente más sana que la que hoy comemos. Existen sobrados motivos para emplear métodos de irradiación en algunos productos y la ingeniería genética podrá ser decisiva para el mejoramiento de materias primas de todo tipo. Dentro de algunos años se lanzarán productos que contribuirán a prevenir enfermedades como la osteoporosis. Los productos a base de chocolate seguirán correspondiendo a lo que se puede llamar un gusto apetecible para el paladar universal.

2. El desarrollo es una tarea colectiva.

La ayuda al desarrollo contemplada a largo plazo creará más bienestar y estabilidad en los países en desarrollo, permitirá desactivar los conflictos entre el Norte y el Sur y fomentará la necesaria cooperación internacional. Las empresas multinacionales deberán manifestar interés por esa evolución.

3. La transferencia de tecnología.

Cada vez se impone más la idea de que para los países del Tercer Mundo vale más favorecer las inversiones privadas que recurrir a préstamos bancarios o de organizaciones internacionales.

Cuando la inversión privada prospera, redunda en bien de todos, y la utilidad que arroja a largo plazo para el sector privado, con la correspondiente retribución de la transferencia de tecnología, apenas representa una fracción de la utilidad y la ganancia efectivas que de ella deriva el Estado.

El desarrollo es un proceso histórico que demanda tiempo; no se le puede forzar sólo con la inyección de capital, se requiere también de la transmisión del *know how,* de conocimientos, de posturas y conceptos básicos. La experiencia ha demostrado que los elementos de la economía liberal también son condiciones que hay que cumplir para que en los países en vías de desarrollo se produzca un entorno propicio para el desarrollo.

4. Los nuevos países industrializados.

Los *newly industrialized countries* son países que se hallan en el umbral de la industrialización. Por lo general sus salarios y costos de mano de obra todavía son bajos, aunque ya disponen de una tecnología muy desarrollada. Su industria ya no se limita a producir textiles, calzado o prendas de vestir y demás artículos propios del Tercer Mundo, sino también televisores, instrumentos ópticos o de precisión, relojes o automóviles.

Se suelen caracterizar por elevadas tasas de

crecimiento. Ciertos países asiáticos, como Corea del Sur o Singapur, a comienzos de la presente década registraron índices de crecimiento entre 7 y 10%. En América Latina, México obtuvo un alza sustancial de su PIB, gracias a la política económica liberal de los últimos años.

Tienen una estructura muy heterogénea respecto a la densidad demográfica, a la proporción de población urbana, al índice de desempleo, a la tasa de inflación o a la deuda externa.

Los objetivos de Nestlé en estos países son:

a) Los nuevos países industrializados seguirán siendo un punto focal de nuestros intereses. La expansión que se logre en dichos países probablemente será superior a la expansión media de Nestlé en su conjunto;

b) a nadie impondremos nuestra filosofía o nuestro estilo de vida;

c) estaremos dispuestos a aceptar críticas, pero no a expensas de la verdad, y

d) intentaremos mejorar las condiciones para las inversiones del sector privado.

5. Apoyo a la producción local.

Los motivos por los que apoyamos la producción local son los siguientes:

a) Ahorro de divisas;

b) creación de puestos de trabajo;

c) formación de la mano de obra;

d) transferencia de conocimientos técnicos;

e) aumento de los ingresos fiscales;

f) elevación del poder adquisitivo;

g) contribución al equilibrio regional, y
h) fuerte reducción de la pérdida de alimentos.

6. Tendencias globales de la industria alimentaria.

a) La industria alimentaria internacional tendrá que asumir un doble reto en las décadas venideras; por una parte, el crecimiento demográfico constante en el Tercer Mundo y la necesidad de alimentar como corresponde a esa población, y, por otra, la curva demográfica regresiva en el mundo industrializado, con los requisitos particulares que esta situación impone, en términos de calidad y fisiología en relación con la sobrealimentación, la diabetes o la alimentación para ancianos;

b) se incrementará la productividad agrícola a través de la microbiología y la ingeniería genética. A esto se sumarán los progresos en los ámbitos de la conservación, el almacenamiento y el transporte de productos agrícolas;

c) se contará con mayor disponibilidad de alimentos de alto nivel nutritivo, elaborados a bajo costo;

d) en los países desarrollados habrá un aumento de la demanda global de alimentos en términos más cualitativos que cuantitativos, lo que llevará a la industria alimentaria a convertirse en una sociedad

de servicios, más que en una sociedad de producción;
e) la industria aprenderá a diferenciar mejor los productos, la calidad, el servicio y las marcas, a la vez que será más eficiente en las medidas de reducción de los costos, y
f) se desactivarán los conflictos entre el comercio y la industria, y el *marketing* será objeto de mayor atención.

Índice

Prólogo 7
Prólogo a la edición en español 11
Presentación 15

PRIMERA PARTE

I. *Diez máximas para lograr el éxito* . 21
II. *El* marketing *es asunto del jefe* . . . 25
    Las razones por las que el *marketing* es asunto del jefe 25
    Consejos para un buen *marketing* . 28
    Marketing significa vender 38
III. *Las marcas y las ventas* 41
    Las marcas y la publicidad 41
    El comercio y la industria 45
    Las ventas 47

Segunda parte

IV. "All business is local" 53
V. *La adquisición como estrategia del marketing* 59
    Cuatro principios generales de las adquisiciones 60
    Los efectos sinérgicos 62

Tercera parte

VI. *Cómo dirigir un acorazado.* 67
    Principios de dirección de una multinacional 68
VII. *La importancia de los colaboradores.* 79

Cuarta parte

VIII. *Imagen y filosofía empresariales* . . 89
IX. *Entre la autoridad y la autonomía* . 97
    La estructura económica actual . . . 98
    El Estado y la empresa 99
    Al interior de la empresa 99
    Condiciones de confianza 101
X. *Ética y economía* 105
    La moral del mercado 106
    Entre la moral y el beneficio 111
    La utopía socialista 114
    Igualdad de oportunidades, no de resultados 115

Quinta parte

XI. *Perspectivas para el nuevo milenio* . 119

Apéndice

El caso Nestlé 127
   La estrategia global de Nestlé 127
   El futuro 156

Este libro se terminó de imprimir en junio de 1995 en los talleres de Impresora y Encuadernadora Progreso, S. A. de C. V. (IEPSA), Calz. de San Lorenzo, 244; 09830 México, D. F. En su composición, parada en el Taller de Composición del FCE, se usaron tipos Garamond de 12:14 puntos. La edición, de 1 000 ejemplares empastados y 2 000 en rústica, estuvo al cuidado de *Mario Aranda Marqués*.